TANJA DUSY

SUSHI REVOLUTION

SUSHI-BURGER, SUSHIRRITOS, VEGGIE-SUSHI & MEHR

EMF

EIN BUCH DER
EDITION MICHAEL FISCHER

INHALT

SUSHI
GENUSS OHNE ENDE

Vor fast zehn Jahren habe ich schon einmal ein Buch zum Thema Sushi geschrieben. Damals kamen die japanischen Häppchen hierzulande gerade richtig in Mode. Angesagt war vor allem klassisches Sushi mit rohem Fisch. Man erkundete die bis dahin unbekannte Running-Sushi-Bar und lernte Nigiri, Maki und Miso-Suppe kennen und lieben. Bald wurde dann auch selbst zu Hause gerollt.

Seitdem hat mich das Thema nicht mehr losgelassen. Aber die Welt gleicht einem Sushi-Laufband und dreht sich ständig weiter: Gesunde Ernährung, vegetarische und vegane Gerichte liegen inzwischen noch mehr im Trend als vor einem Jahrzehnt und haben das Angebot an neuen Lebensmitteln und Zubereitungsweisen erweitert. Das eröffnet neue, spannende kulinarische Horizonte – auch in der Sushi-Küche.

Nicht mehr ausschließlich Fisch, sondern vor allem viel Gemüse spielt inzwischen nicht nur bei Veggie-Sushi eine vielfältige Rolle. Reis wird zu bunten Colored-Sushi und Sushi-Burger, Sushirritos oder Sushi-Donuts sind hippe Ergebnisse einer Fusionsküche aus japanischem und westlichem Fast Food. Das ist nicht einfach nur schnell, sondern vor allem gesund, frisch und schmeckt fantastisch. All das verändert die alte Sushi-Bar und ist so spannend, dass ich es unbedingt ausprobieren und hier vorstellen wollte.

Peppig bunt, prall und fantasievoll gefüllt und belegt – so präsentieren sich die neuen Häppchen, die bereits richtig Gutes spannend weiterentwickeln. Lassen Sie Ihre Geschmacksnerven und Sinne revolutionieren und seien Sie wie ich schon jetzt gespannt auf die Sushi-Trends der Zukunft.

Tanja Dusy

SUSHI

BA

SICS

DO YOU SPEAK **SUSHI?**

Wer Sushi selber machen möchte, braucht kein japanisches Wörterbuch. Die Namen für die wichtigsten Sushi-Formen werden hier kurz vorgestellt.

HANDGEFORMTE SUSHI

Nigiri-Sushi
Von Hand geformte längliche Reisbällchen, die klassischerweise meist mit einer leicht mit Wasabi bestrichenen Scheibe rohem Fisch belegt werden.

Gunkan-Sushi
Bei der „Schlachtschiff"-Variante wird eine Reling aus Algenblatt rund um das Nigiri-Bällchen gelegt; sie verhindert, dass die Füllung über Bord geht.

Inari-Sushi
Hier wird das Reisbällchen nach dem Formen einfach in ein Täschchen aus frittierten Tofutaschen gefüllt.

MAKI – GEROLLTE SUSHI

Hoso-Maki
Die Röllchen werden mit einem halbierten Nori-Algenblatt gerollt und haben höchstens ein oder zwei Zutaten im Reis.

Futo-Maki
Für die „dicke" Rolle braucht es ein ganzes Nori-Algenblatt und reichlich Füllung.

Ura-Maki
Eine kalifornische Erfindung, auch Inside-Out-Roll genannt, weil der Reis außen um Füllung und Algenblatt gerollt wird.

TRENDY SUSHI

Sushi-Burger
Hier ersetzt geformter Sushi-Reis das Burgerbrötchen. Besonders fein: Statt Reis-Big-Mac Miniburger formen und als Fingerfood servieren.

Sushirrito
Die Futo-Futo-Rolle kombiniert Sushi und üppig gefüllte Burritos. Statt in Weizen-/Maisfladen wird alles in Sushi-Reis und Algenblatt gehüllt.

Sushi-Donut
Ein echt süßer neuer Look für Sushi, den die Foodblogs lieben: Sushi-Reis, der erst in Donutformen gepresst und anschließend herzhaft belegt wird.

Sushi-Stacks
Mithilfe von Ringförmchen werden die Zutaten hier „stapelweise" in Form gebracht – erinnert an französische Törtchen und ist eine tolle Vorspeise.

Sushi-Bowls
Beim sogenannten „Streu-Sushi" oder Chirashi-Sushi werden Fisch und andere Zutaten auf eine Schale Reis gestreut – die Urform trendiger Sushi-Bowls!

Onigiri
Die etwas größere, meist dreieckig geformten Sushi sind in Japan verbreiteter Take-Away-Snack und fast noch beliebter als ihre kleinen Verwandten.

DIE GRUND**ZUTATEN**

Viel braucht es nicht für die Sushi-Bar zu Hause. Ein Gang in einen gut sortierten Asialaden reicht meist, um alle wesentlichen Zutaten zu bekommen. Das gehört unbedingt auf die Einkaufsliste:

REIS

Er ist die Grundlage von Sushi: gegarter Reis, der mit einer speziellen Essigmischung sanft gesäuert wird. In Japan verwendet man dafür einen besonderen, polierten Rundkornreis, der zwar so klebrig kocht, dass die Sushi in Form bleiben, aber noch Biss hat und nicht pappig wird. Dieser spezielle Reis wird glücklicherweise inzwischen auch in den USA und Italien angebaut und ist hierzulande häufiger und preisgünstiger als das japanische Original zu finden.

KOMBU

Eine dezente, besondere Geschmacksnote bekommt Sushi-Reis durch ein Stück Kombu, das mitgegart wird. Die dicken Blätter des Seetangs kann man im Asialaden getrocknet kaufen. Damit er anschließend nicht nutzlos im Schrank steht: Er gibt auch (Suppen-)Brühen oder einem Sud für Fisch einen Extra-Aromakick. Wer keinen findet, kocht den Reis einfach ohne.

WASABI

Die grüne, extrem scharfe japanische Meerrettichwurzel wurde früher vor allem wegen ihrer antibakteriellen Wirkung bei Sushi mit rohem Fisch verwendet. Inzwischen ist sie als feste Geschmackskomponente nicht mehr wegzudenken. Hierzulande bekommt man im Regelfall nur getrocknetes Wasabi-Pulver, das man mit wenig Wasser anrührt – wer will, kauft bereits fertige Paste in der Tube.

EINGELEGTER INGWER

Gari Shoga, die eingelegten scharfen Ingwerscheibchen, gehören ebenfalls zum klassischen Sushi-Menü. Sie werden zwischendurch gegessen, sollen erfrischen und antibakteriell wirken. Im Asialaden gibt es sie preisgünstig, in Plastikbeutel eingeschweißt, zu kaufen. Übrig gebliebene Ingwerscheiben einfach samt Einlegewasser in ein sauberes Schraubglas füllen; so halten sie sich im Kühlschrank mehrere Wochen.

SOJASAUCE

Die aus Sojabohnen, Weizen und Wasser gebraute japanische Sojasauce ist etwas milder als Sojasaucen aus China. Sie wird zum Dippen von Sushi, aber auch zum Würzen von Sushi-Zutaten verwendet. Wer keinen Weizen verträgt, kann statt normaler Sojasauce glutenfreie Tamari verwenden.

REISESSIG

Asiatischer Reisessig wird aus Reis gebraut und ist milder als Essig auf Obst- oder Weinbasis. Zusammen mit Zucker und Salz ist er die Grundlage von „Sushi-zu", der speziellen Essigmischung für Sushi-Reis. Man kann sie ganz einfach selbst kochen (siehe S. 15) oder fertig im Asia- bzw. Japanladen kaufen. Reisessig lässt sich auch gut für milde Salatdressings und -vinaigrettes verwenden und hilft beim Verarbeiten von klebrigem Sushi-Reis (siehe S. 16/17).

NORI-ALGENBLÄTTER

Die getrockneten gepressten Algen kommen immer dann zum Einsatz, wenn Sushi-Reis, gewickelt, gerollt oder in Päckchen gepackt wird. Die leicht rechteckigen Blätter lassen sich mit Schere oder scharfem Messer je nach Sushi-Art halbieren, dritteln oder in Streifen schneiden. Im Asialaden hat man die Wahl zwischen ungerösteten und noch aromatischeren gerösteten Nori-Blättern.

MIT FISCH ...

Neben Reis ist (roher) Fisch die wichtigste Zutat von klassischem Sushi. Überfischung der Meere, Umweltbelastung von Gewässern und Böden durch nicht artgerechte Fischzucht verderben allerdings immer mehr Menschen die Lust daran. Um nicht völlig darauf verzichten zu müssen, sollte man sich Fisch deshalb besser nur ab und zu, dann aber in bester, nachhaltiger Qualität und so mit gutem Gewissen gönnen! Fragen Sie Ihren Fischhändler oder informieren Sie sich im Internet über gefährdete Fischbestände (z. B. bei Greenpeace, WWF).

Gut gefischt

Wird in normalem Umfang (z. B. kleine Schiffe und Tagfang) und in gesunden Beständen gefischt, schadet Wildfang generell nicht. Das MSC-Siegel (Marine Stewardship Council) gibt im Fischgeschäft bereits einen ersten Anhaltspunkt für nachhaltigen Fischfang. Einige für Sushi verwendbare Fischarten wie Lachs, Dorade, Wolfsbarsch, aber auch Garnelen werden inzwischen gezüchtet. Dem MSC-Siegel entspricht bei Zuchtfisch das ASC-Siegel (Aquaculture Stewardship Council). Genau wie die Bezeichnung Bio-Zuchtfisch steht es für nachhaltige Aquakultur, die nicht nur die Lebensbedingungen der Fische, sondern auch die Auswirkungen der Zucht auf die Umwelt berücksichtigt. Wer möchte, kann aber bei Sushi auch einmal auf hiesigen Süßwasserfisch wie Forelle oder Saibling zurückgreifen. Sie werden traditionell umweltschonend gefangen und gezüchtet und machen sich roh, gegart oder geräuchert auch mal auf Sushi-Reis gut. Lassen Sie sich von Ihrem Fischhändler informieren und fragen Sie konkret nach Fisch für Sushi; Fachgeschäfte bieten Lachs- und Thunfisch oft schon im „Sushi-Zuschnitt“ an, das heißt, als rechteckiges, gleichmäßiges Filet ohne Gräten, das man für Nigiri nur noch in Scheiben schneiden muss.

… ODER MAL OHNE FISCH

Dass Sushi auch ganz ohne Fisch auskommen kann, zeigen vor allem viele der jüngsten Sushi-Trends. In Burger, Sushirritos oder Onigiri-Sushi wird viel oder auch mal ganz viel Gemüse gepackt; in Form von Rohkost, angemachtem Salat, gegart oder als Pickles. Dazu gibt es zahlreiche vegetarische oder vegane Ergänzungen wie z. B. Ei, Tofu oder Tempeh. Das alles macht die Zutatenpalette perfekt und die Sushi-Tafel noch bunter und vielfältiger.

DIE WICHTIGSTEN **WERKZEUGE**

Um seine Sushi selbst zu machen, muss man nicht unbedingt wie in Japan jahrelang beim Sushi-Meister lernen. Ein paar gute Werkzeuge helfen aber jedem Hobby-Sushi-Meister.

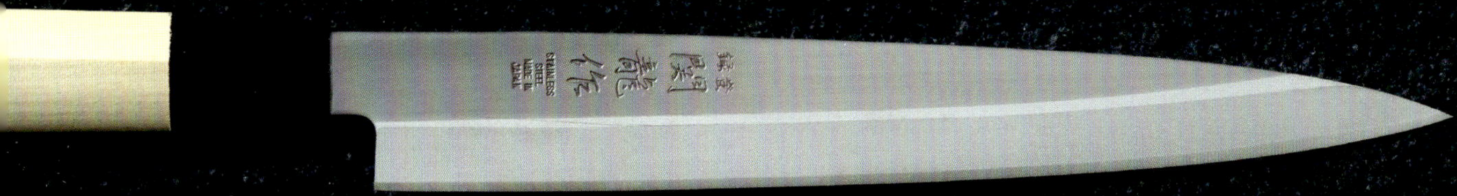

MESSER

Zum Schneiden der Zutaten, aber vor allem der Sushi, braucht es ein Messer mit richtig scharfer Klinge. Ideal ist ein japanisches Sushi- bzw. auch Sashimi-Messer. Ihre Klingen sind lang und schmal, dafür aber richtig stabil. Mit ihnen hat man einen echten Allrounder, mit dem man genauso gut Fisch filetieren und weiche Sushi mit hartem Gemüsekern akkurat schneiden kann, ohne sie zu zerquetschen. Wer sich ein solches Messer leistet, sollte sich gleich einen japanischen Schleifstein dazu anschaffen. Sushi-Messer sind meist nicht rostfrei und müssen gut gepflegt werden, die Spülmaschine ist tabu. Ein großes Universal- und ein kleines Gemüsemesser zum Zerkleinern von harten Zutaten zusätzlich hat man meist eh im Haus.

ARBEITSBRETT

Ein großes stabiles Küchenbrett, das gut auf der Arbeitsfläche haftet, sollte ebenfalls vorhanden sein: zum Zuschneiden der Zutaten und dem Rollen und Schneiden der Sushi. Ob man sich für ein Brett aus Holz, Plastik oder Glas entscheidet, spielt dabei eigentlich keine Rolle; es sollte allerdings gut zu reinigen sein, wenn roher Fisch darauf geschnitten wird.

ROLLMATTE UND FRISCHHALTEFOLIE

Zum Rollen von Maki braucht es eine spezielle Sushi-Rollmatte (Makisu), die aus dünnen Bambusstäbchen zusammengesetzt ist. Man bekommt sie im Asialaden. Nach dem Gebrauch sollte man sie immer gut reinigen und trocknen lassen. Wer vermeiden will, dass Reis zwischen den Stäben kleben bleibt, packt sie in einen Bogen Frischhaltefolie – das sollte man auf jeden Fall bei Ura-Maki, den Inside-Out-Rollen, tun.

ESSIGWASSER UND GESCHIRRTUCH

Sushi-Reis muss kleben – allerdings nicht an den Händen. Deshalb immer eine Schale mit Essigwasser vor dem Arbeiten bereitstellen. Dazu ½ l Wasser mit 2–3 EL Reisessig mischen und die Hände darin immer kurz befeuchten, wenn man Reis aus der Schüssel nehmen oder formen will. Ein mit Essigwasser angefeuchtetes Geschirrtuch hilft beim Zuschneiden der fertigen Sushi-Rollen: Das Messer zwischendurch damit abwischen, so bleibt kein Reis an der Klinge.

SCHÜSSEL MIT SPATEL

In Japan wird der gegarte Reis zum Abkühlen in eine spezielle Holz- oder Bambusschüssel (Hangiri) gegeben. Sie entzieht dem Reis zusätzlich Feuchtigkeit und beschleunigt das Abkühlen, da sie keine Hitze speichert, wie das z. B. bei Aluminiumschalen der Fall ist. Für den normalen Hausgebrauch tut es zunächst auch eine breite Porzellan- oder Tonschale mit etwas höherem Rand. Breite Holzspatel zum Unterarbeiten des Reisessigs gibt es preiswert in Asialäden.

GRUNDREZEPT SUSHI-**REIS**

Einmal zubereitet ist dieser Sushi-Reis die perfekte Grundlage für alle Rezepte in diesem Buch. Die Mengenangaben lassen sich je nach Bedarf leicht halbieren oder vervielfachen.

FÜR 1 PORTION

ZUTATEN

250 g Sushi-Reis | 1 Stück Kombu (ca. 4 x 4 cm) | 3 EL Reisessig | 2 EL Zucker | 1 TL Salz

SO GEHT'S

1 Den Reis in eine große Schüssel geben und reichlich kaltes Wasser einlaufen lassen. Den Reis vorsichtig mit den Händen durchrühren, nicht zu fest, sonst brechen die Reiskörner. Sobald das Wasser milchig weiß ist, den Reis in ein Sieb abgießen, wieder in die Schüssel geben und nochmals wässern. Diesen Vorgang zwei- bis dreimal wiederholen, bis das Wasser fast klar bleibt. Nach dem letzten Gang den Reis 30 Minuten in Wasser quellen lassen.

2 Den Reis in ein Sieb abgießen. Mit 270 ml Wasser und Kombu in einen Topf geben. Zugedeckt bei starker Hitze 1–2 Minuten aufkochen lassen, dann die Hitze reduzieren und bei möglichst niedriger Hitze zugedeckt 10 Minuten garen. Den Topf anschließend vom Herd nehmen, den Deckel abnehmen, ein sauberes Geschirrtuch über den Topf legen und den Reis 15 Minuten kühlen lassen. Währenddessen Essig, Zucker und Salz in einem kleinen Topf unter Rühren erhitzen, bis Zucker und Salz sich vollständig aufgelöst haben, dann abkühlen lassen.

3 Den Reis in eine möglichst breite flache Schüssel mit höherem Rand geben, dabei das Kombu-Stück entfernen und den Reis vorsichtig verteilen. Essigmischung über den handwarmen Reis träufeln und mit einem breiten Holzspatel verteilen: Dazu immer wieder vorsichtig, ohne den Reis zu drücken oder umzurühren, diagonale Linien durch den Reis ziehen – er sollte möglichst locker bleiben. Dann mit dem Spatel Luft zufächeln, bis der Reis völlig gekühlt und getrocknet ist – oder als Trick: Den Reis mit der Kaltluftstufe des Föns trocken pusten. Bis zum Verarbeiten ein feuchtes Geschirrtuch über die Schale mit dem Reis legen, damit er nicht austrocknet.

... MAL GANZ EINFACH

Wer einen Reiskocher besitzt, kann den Reis auch darin garen. Wie beschrieben waschen und quellen lassen, dann mit derselben Menge Wasser 20 Minuten im Reiskocher garen und weitere 20 Minuten auf der Warmhaltestufe ruhen lassen.

... MAL VOLLKÖRNIG

Auch Vollkornreis lässt sich zu Sushi verarbeiten, klebt allerdings weniger stark; daher muss man ihn beim weiteren Verarbeiten stärker zusammendrücken. 250 g Vollkorn-Rundreis (ideal japanischer Naturreis) wie beschrieben waschen und 1 Stunde quellen lassen. Anschließend wie beschrieben in 350 ml Wasser ca. 40 Minuten zugedeckt bei niedriger Hitze garen lassen, anschließend wie beschrieben weiterverarbeiten.

... MAL BUNT

Sushi präsentieren sich heute auch gerne mal poppig bunt. Dafür sind meist Lebensmittelfarben verantwortlich. Aber auch auf natürliche Art und Weise lässt sich Farbe in die Sushi-Rolle bringen:

Für zartgelbes Sushi einfach 0,1 g Safranfäden in 2 EL heißem Wasser 10 Minuten einweichen und anschließend mitkochen. Für schwarzes Sushi Sepia-Tinte (im Fischgeschäft erhältlich) mitgaren, für rotes Sushi Rote-Bete-Saft verwenden.

Oder unter den fertigen Reis jeweils 20–80 g fein geriebenes Gemüse unterheben: für zartes bis kräftiges Pink Rote Bete oder rote Möhren, für orangefarbene oder gelb durchsetzen Reis geraspelte orangefarbene oder gelbe Möhren und für grün durchsetzten Reis klein gehackten gegarten Spinat oder zerdrückte, gehackte gegarte Erbsen.

DREIMAL SUSHI-**DRESSING**

Damit schmecken Sushi-Burger gleich noch mal so gut! Wer will, kann die Dressings aber auch anstelle von Wasabi-Paste verwenden oder zum Dippen und Dekorieren von Sushi nehmen.

ASIA-MAYONNAISE

ZUTATEN

1 ganz frisches Ei

1–2 TL Limettensaft

1 TL Senf

½–1 EL Chilisauce (z. B. Sriracha)

125 ml Sonnenblumenöl

3–5 EL Olivenöl

Salz

Zucker

2 EL Orangensaft (falls nötig)

SO GEHT'S

1 Das Ei in ein hohes Mixgefäß geben, darauf 1 TL Limettensaft, Senf, ½ TL Chilisauce, Sonnenblumenöl, 3 EL Olivenöl, Salz und eine gute Prise Zucker geben – dabei ist es wichtig, dass alle Zutaten Zimmertemperatur haben. Nehmen Sie die Zutaten also rechtzeitig aus dem Kühlschrank.

2 Einen Pürierstab in die Masse bis auf den Boden des Gefäßes stellen. Dann das Ganze pürieren, dabei den Stab immer von unten langsam nach oben ziehen, damit sich alles gut mischt. Je nach gewünschter Konsistenz noch übriges Olivenöl (für eine festere Mayonnaise) oder Orangensaft (für eine flüssigere) untermixen. Mit übrigem Limettensaft, Chilisauce, Salz und Zucker abschmecken.

WASABI-VARIANTE

Wer will, nimmt anstelle von Chilisauce 2–3 TL Wasabi-Paste – je nach persönlicher Schärfe-Vorliebe.

GRÜNE VEGANAISE

ZUTATEN

½ Bund Koriandergrün

½ Knoblauchzehe

1 ½ TL Limettensaft

200 g Seidentofu

3 EL Sonnenblumenöl

Salz, Pfeffer

SO GEHT'S

Für die Veganaise Koriandergrün waschen und gut trocken tupfen, Blättchen abzupfen und zerschneiden. Knoblauch schälen und in ein hohes Rührgefäß pressen. Koriandergrün, Limettensaft und Tofu dazugeben, darauf das Öl gießen. Alles mit dem Pürierstab auf kleiner Stufe pürieren, dabei den Stab von oben nach unten bewegen. Mit Salz und Pfeffer würzen.

ASIA-PESTO

ZUTATEN

50 g Koriandergrün

6 Stängel Minze

1 Knoblauchzehe

1 Stück frischer Ingwer (15 g)

1 Bio-Limette

2 EL geröstete gesalzene Erdnüsse

200 ml Soja- oder Sesamöl

½–¾ TL brauner Zucker

Salz, Pfeffer

SO GEHT'S

1. Das Koriandergrün waschen, gut trocken schütteln bzw. trocken tupfen und die Blätter samt Stielen grob zerschneiden. Minze waschen, trocken schütteln und die Blätter abzupfen. Knoblauch und Ingwer schälen und grob hacken. Die Limette heiß waschen, abtrocknen, halbieren und von einer Hälfte die Schale abreiben, den Saft beider Hälften auspressen.
2. Kräuter, Knoblauch, Ingwer, Limettenschale, 4 EL Limettensaft und die Erdnüsse mit 150 ml Öl im Blitzhacker oder mit dem Pürierstab pürieren, dabei so viel vom restlichen Öl zugeben, bis ein cremigflüssiges Pesto entstanden ist. Mit Zucker, Salz, Pfeffer und eventuell noch etwas Limettensaft würzen.

DREIMAL **EINGELEGTES**

Die halten sich auch prima im Kühlschrank und lassen sich daher ganz schnell in spontan gemachte Sushi-Rollen, Sushirritos oder Burger packen – oder einfach wie eingelegter Ingwer zum Dazuessen servieren.

FIX-JAPAN-SAUERKRAUT

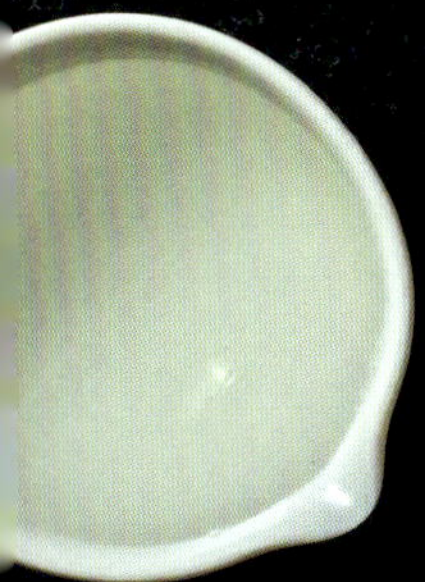

ZUTATEN

200 g Rotkohl

1 Stück Ingwer (10 g)

1 TL Meersalz

100 ml Reisessig

1 EL Zucker

SO GEHT'S

1 Den Rotkohl putzen und den Strunk großzügig wegschneiden. Dann den Kohl in feine Streifen schneiden oder hobeln. Den Ingwer schälen und in Scheiben schneiden. Den Kohl mit Ingwer und ½ TL Salz mit den Händen kräftig durchkneten, bis er weicher wird; dabei unbedingt Gummihandschuhe tragen, der Kohl färbt stark. Den Kohl samt Ingwer in ein ausreichend großes, sauberes Schraubglas füllen.

2 Reisessig, Zucker, übriges Salz und 100 ml Wasser in einem Topf unter Rühren aufkochen, bis der Zucker sich vollständig gelöst hat. Über den Rotkohl gießen und den Kohl gut in die Flüssigkeit drücken. Das Glas verschließen und möglichst noch 4–5 Stunden durchziehen lassen. Das Kraut hält sich so im Kühlschrank gut 2 Wochen.

PINK-RETTICH-PICKLES

ZUTATEN

200 g weißer (Daikon-)Rettich
½ kleine Rote Bete (ca. 40 g)
150 ml Reisessig
2 EL Zucker
½ TL Meersalz

SO GEHT'S

1 Den Rettich und die Rote Bete waschen, putzen, schälen und in feine Scheiben schneiden oder hobeln; dazu Gummihandschuhe tragen, die Bete färben stark. Beides miteinander mischen und in ein ausreichend großes Schraubglas füllen.

2 Essig, Zucker und Salz in einem Topf unter Rühren erhitzen, bis sich der Zucker vollständig aufgelöst hat. Heiß über die Rettich-Bete-Mischung gießen, das Gemüse gut hineindrücken und das Glas verschließen. An einem kühlen Ort 2–3 Tage durchziehen lassen. Ungeöffnet hält sich das Gemüse gut 1 Monat.

SCHNELLE ASIA-PICKLES

ZUTATEN

150 g Spitzkohl
150 g weißer Rettich
150 g Möhre
1 Bund Frühlingszwiebeln
1 kleine rote Chilischote
300 ml Reisessig
150 g Zucker
2 EL Meersalz

SO GEHT'S

1 Den Spitzkohl waschen, putzen und den Strunk wegschneiden. Den Kohl in breite Streifen schneiden. Rettich und Möhre schälen und in dünne Scheiben schneiden oder hobeln. Frühlingszwiebeln waschen, putzen und den unteren festen Teil in ca. 2 cm lange Stücke schneiden (die dünnen grünen Stücke nicht verwenden). Die Chilischote waschen, halbieren, entkernen und fein hacken. Alles mischen und in ein großes Schraub- oder Bügelglas füllen.

2 Den Essig mit Zucker und Salz in einem Topf unter Rühren erhitzen, bis sich der Zucker vollständig aufgelöst hat. Einmal aufkochen lassen, dann über das Gemüse gießen. Das Gemüse gut in die Essigmischung drücken und das Glas verschließen. Abkühlen und 1 Tag durchziehen lassen. Das Gemüse hält im Kühlschrank gut 2 Wochen.

EASY **KIMCHI**

Das In-Pickle-Gemüse aus Korea muss normalerweise erst mehrere Tage bzw. sogar Wochen eingelegt werden; diese Variante hält zwar nicht so lange, kann aber gleich gegessen werden.

FÜR CA. 20 PORTIONEN

ZUTATEN

500 g Chinakohl

100 g grobes Meersalz

1 kleine Zwiebel

4 Knoblauchzehen

1 Stück frischer Ingwer (ca. 10 g)

½ feste Kaki (ersatzweise 1 Apfel)

125 ml kalte Gemüsebrühe

2 EL gegarter (Sushi-)Reis (falls vorhanden)

3–4 EL Sojasauce oder Tamari

1 EL Zucker

50 g Gochugaru (koreanisches Chilipulver, aus dem Asialaden)

Salz

SO GEHT'S

1 Vom Chinakohl den Strunk wegschneiden und ihn in einzelne Blätter teilen. Die Blätter waschen, in einem Sieb abtropfen lassen, dann quer in ca. 5 cm lange Stücke schneiden, dabei große Blätter zuerst längs durch die Blattrippe halbieren. 1 l Wasser mit Meersalz aufkochen, bis sich das Salz gelöst hat.

2 Den Topf mit Salzwasser vom Herd nehmen, Chinakohl sofort ins heiße Wasser geben, 10–15 Minuten darin ziehen lassen. Darin wenden und weitere 10 Minuten ziehen lassen, bis der Kohl so weich ist, dass er sich ganz leicht, ohne zu brechen, zusammenbiegen lässt.

3 Den Kohl in ein Sieb abgießen und im Waschbecken in kaltem Wasser gründlich wässern, dabei eventuell das Wasser einmal wechseln – er sollte am Ende angenehm salzig schmecken. In einem Sieb abtropfen lassen oder trocken tupfen.

4 Zwiebel, Knoblauch und Ingwer schälen und grob zerschneiden. Kaki waschen, halbieren, grob zerschneiden, dabei den Stielansatz entfernen. Alles mit Brühe und, falls möglich, dem Reis (er gibt der Marinade eine schöne Konsistenz) fein pürieren. Sojasauce, Zucker und nach und nach so viel Gochugaru unterrühren, wie man es als angenehm scharf empfindet.

5 Chinakohl von Hand (Gummihandschuhe tragen!) mit der Chilipaste mischen. Eventuell mit Gochugaru, Salz und eventuell Zucker oder Sojasauce abschmecken. Kimchi möglichst noch ein paar Stunden im Kühlschrank durchziehen lassen. In einem gut verschließbaren Glas hält es sich 4–5 Tage.

GEBEIZTER **ROTER LACHS**

Hier kommt Farbe ins Spiel: Graved-Lachs in knallig rot. Das sieht nicht nur toll aus, sondern gibt auch ein ganz besonderes Aroma.

FÜR CA. 24 PORTIONEN

ZUTATEN

2 ganz frische, gleich große Lachsfilets mit Haut (ca. 1 kg, vom Fischhändler möglichst aus einem dicken Stück zuschneiden lassen)

1 große Rote Bete

½ Bio-Zitrone

1 TL schwarzer Pfeffer

¾ TL helle Senfkörner

60 g grobes Salz

40 g brauner Zucker

3 EL Sake (siehe S. 138)

SO GEHT'S

1 Lachs, falls nötig, vollständig von Gräten befreien. Rote Bete schälen und auf der Rohkostreibe grob raspeln (dazu Gummihandschuhe tragen, sie färben). Die Zitrone heiß waschen, abtrocknen und die Schale fein reiben. Pfeffer und Senfkörner im Mörser grob zerstoßen und mit Salz und Zucker mischen.

2 Fischfilets mit der Hautseite nach unten nebeneinanderlegen und mit der Gewürzmischung bestreuen. Die Gewürze dann leicht ins Fischfleisch „einmassieren" und anschließend mit Zitronenschale bestreuen. Auf ein Filet den Sake träufeln und die Rote-Bete-Raspel gleichmäßig darauf verteilen und leicht andrücken. Das zweite Filet mit der Hautseite nach oben auf die Rote-Bete-Schicht legen und leicht andrücken.

3 Das Fischpaket in eine tiefe Porzellanschale legen und die Schale mit Frischhaltefolie abdecken. Ein Holzbrett auf den Fisch legen und es mit Konservendosen oder gefüllten Flaschen beschweren. So im Kühlschrank 2 Tage durchziehen lassen. Dabei den Fisch zwei- bis dreimal wenden, das obere Filet kurz anheben und etwas von dem ausgetretenen Saft über das untere löffeln, wieder zupacken, beschweren und kühlen.

4 Nach 2 Tagen die Rote Bete entfernen und die Fischfilets trocken tupfen. Das Fischfleisch nun mit einem scharfen Messer schräg in nicht zu dünnen Scheiben von der Haut schneiden. Es passt als Auflage für Nigiri, eingerollt in Maki oder auf Sushi-Donuts und -Eclairs von S. 131 und 137. Es lässt sich auch wie Räucher- oder Graved-Lachs mit Brot genießen.

KLEINIGKEITEN AUS DER **SUSHI-BAR**

Miso-Suppe oder Edamame als Starter und den Algensalat dazu: Mit diesen klassischen Gerichten aus der Sushi-Bar wird das leichte Sushi-Menü komplett!

MISO-BRÜHE

ZUTATEN

50 g Seidentofu

1 Frühlingszwiebel

400 ml Gemüsebrühe (oder Fond)

2 EL (Genmai-)Miso (siehe S. 138)

1 EL Instant-Wakame-Algen

2–3 Spritzer Sojasauce oder Tamari

SO GEHT'S

1 Den Tofu vorsichtig trocken tupfen und in ca. 1 cm große Würfelchen schneiden. Frühlingszwiebel waschen, putzen, den grünen Teil in ganz feine Ringe schneiden, den weißen Teil anderweitig verwenden.

2 Die Gemüsebrühe einmal aufkochen lassen, dann die Hitze reduzieren. Miso einrühren, bis sich die Paste in der Brühe aufgelöst hat. Die Wakame-Algen einstreuen und 1–2 Minuten ziehen lassen.

3 Die Brühe mit Sojasauce abschmecken, die Tofuwürfel hineingeben und kurz heiß werden lassen. Die Suppe in Schälchen verteilen und zum Servieren mit Zwiebelgrün bestreuen.

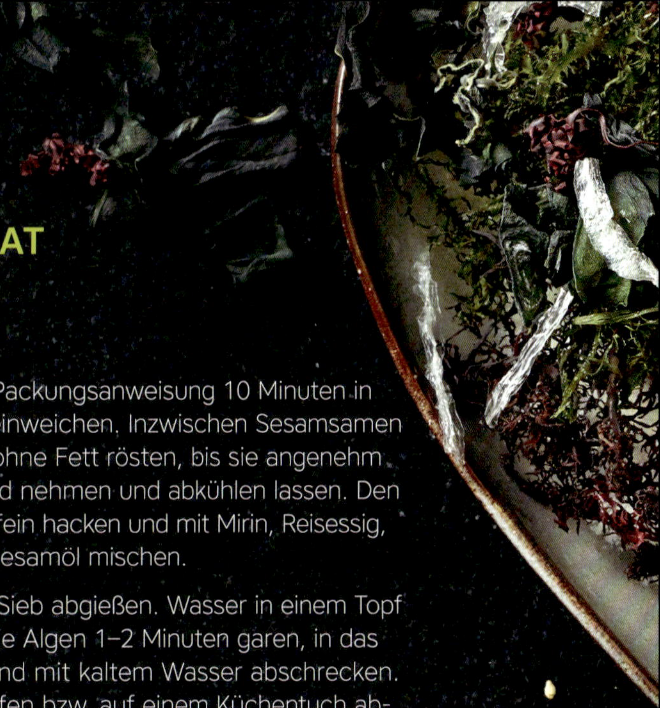

ALGENSALAT

ZUTATEN

10 g getrocknete Algensalat-Mischung (aus dem Asialaden)

1 TL helle Sesamsamen

1 Stück frischer Ingwer (ca. 10 g)

2 EL Mirin (siehe S. 138)

1–2 EL Reisessig

1 EL Sojasauce oder Tamari

1 TL geröstetes Sesamöl

SO GEHT'S

1 Die Algen nach Packungsanweisung 10 Minuten in kaltem Wasser einweichen. Inzwischen Sesamsamen in einer Pfanne ohne Fett rösten, bis sie angenehm duften, vom Herd nehmen und abkühlen lassen. Den Ingwer schälen, fein hacken und mit Mirin, Reisessig, Sojasauce und Sesamöl mischen.

2 Die Algen in ein Sieb abgießen. Wasser in einem Topf erhitzen, darin die Algen 1–2 Minuten garen, in das Sieb abgießen und mit kaltem Wasser abschrecken. Dann gut abtropfen bzw. auf einem Küchentuch abtrocknen lassen. Anschließend Algen mit dem Dressing mischen und 10 Minuten ziehen lassen. Vor dem Servieren die Sesamsamen untermischen.

GESALZENE EDAMAME

ZUTATEN

300 g tiefgekühlte Edamame (in Schoten)

1 EL grobes Meersalz oder Fleur de sel

SO GEHT'S

1 In einem Topf 500 ml Wasser mit ½ TL Salz zum Kochen bringen. Die Schoten ins sprudelnde Wasser geben und offen bei mittlerer Hitze ca. 8 Minuten garen.

2 Die Schoten in ein Sieb gießen, kurz mit kaltem Wasser abschrecken, abtropfen lassen und mit etwas Salz bestreuen. Zum Essen in Schälchen füllen und die Bohnen einfach mithilfe der Zähne aus den Schoten ausstreifen.

FISCH-CLASSICS

RELO

ADED

Schlicht und einfach gut – so lautet die Formel für klassische Sushi mit Fisch. Dazu braucht es nur perfekt gegarten Reis, richtig frischen Fisch und etwas Fingerfertigkeit. Hat man den Bogen einmal raus, gelingen auch diese spannenden Varianten, die das Zeug zu neuen Klassikern haben.

DRAGON-EYE-NIGIRI

FÜR 8 STÜCK

ZUTATEN

150 g frisches Thunfisch- oder Lachsfilet (in Sushi-Zuschnitt, siehe S. 12)

3–4 EL Asia-Mayonnaise (siehe S. 18) oder normale Mayonnaise aus dem Glas

Essigwasser (siehe S. 15)

½ Portion Sushi-Reis (siehe Grundrezept S. 16/17)

1 TL Chilisauce (z. B. Sriracha)

SO GEHT'S

1 Das Fischfilet mit einem scharfen (Sushi-)Messer quer zur Faser im 45-Grad-Winkel schräg in 8 dünne Scheiben schneiden. Die Scheiben auf einer Seite dünn mit Mayonnaise bestreichen.

2 Die Hände mit Essigwasser befeuchten und aus dem Reis 8 längliche Sushi-Röllchen formen (siehe S. 30/31), dabei den Reis auf keinen Fall zu stark drücken oder zusammenpressen.

3 Je 1 Scheibe Fischfilet mit der Mayonnaise-Seite nach oben auf eine Handfläche legen, 1 Reisbällchen darauf platzieren und leicht auf den Fisch drücken.

4 Sushi wenden und den Fisch vorsichtig glatt um das Reisbällchen streichen, sodass er schön aufliegt. Die Sushi dann erst an den Längsseiten und dann an den Enden nochmals gerade in Form drücken, sodass der Fisch den Reis möglichst vollständig abdeckt. Auf eine Seite der Fischauflage als „Auge" einen Tupfen Mayonnaise und einen Minitupfen Chilisauce geben.

KLASSISCHE **NIGIRI FORMEN**

Nigiri mit Lachs oder Thunfisch sind in Sushi-Bars die absoluten Favoriten. Aber auch andere rohe Fischsorten, wie z. B. Saiblings- oder Forellenfilet, Seezunge oder sogar Räucherlachs, machen sich gut auf den Reisbällchen. *Veggie-Varianten mit Gemüse und Ei gibt es auf S. 43 und 45.*

SO GEHT'S

1 Beide Hände mit Essigwasser befeuchten, damit der Reis nicht daran kleben bleibt. Reis in eine Hand nehmen und durch leichtes Drücken und Rundum-Weiter-Wenden zwischen den Fingern und dem Handballen zu einem länglichen Klößchen formen.

WICHTIG

Für ein angenehmes Gefühl beim Essen sollte der Reis „luftig" bleiben und die Körner gerade eben aneinanderhaften; also nicht mit zu viel Druck arbeiten!

2 Das Klößchen längs zwischen Handballen und Finger legen und die Hand leicht verschließen. Dann mit Zeige- und Mittelfinger der anderen Hand leicht von oben glatt streichen und drücken. Auch an den Enden leicht festdrücken. Dann die Längsseiten gerade drücken – so bekommt das Klößchen eine leicht kantige Form.

WER WILL

Um Sushi noch „luftiger" zu bekommen, das Klößchen wenden und unten eine leichte Längslinie eindrücken, wieder wenden und das Klößchen von oben längs dieser Naht zusammendrücken.

3 Die Fischscheibe mit etwas Wasabi bestreichen und mit dieser Seite nach unten auf das Reisklößchen legen. Nun wieder mithilfe von Zeige- und Mittelfinger der anderen Hand leicht an- und schön in Form drücken.

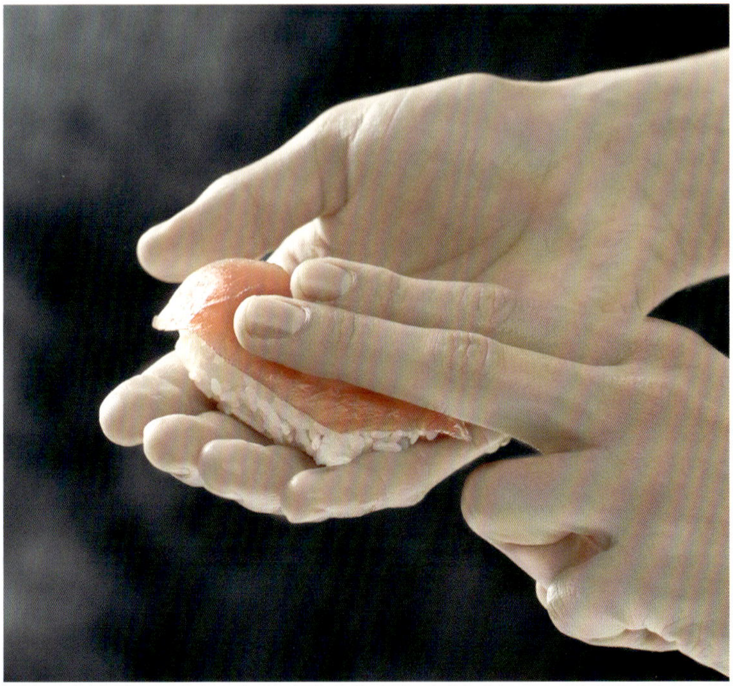

SMOKY-FISH-MAKI

FÜR 24 STÜCK

ZUTATEN

125 g geräuchertes Forellenfilet (ohne Haut)

2 Kästchen rote Radieschenkresse (Radieschensprossen)

2 Nori-Algenblätter

Essigwasser (siehe S. 15)

½ Portion Sushi-Reis (siehe Grundrezept S. 16/17)

1 TL Wasabi-Paste

SO GEHT'S

1 Das Forellenfilet längs in ca. 1 cm dicke Streifen schneiden. Kresse waschen, trocken schütteln und vom Beet schneiden.

2 Die Nori-Blätter längs halbieren. Ein halbes Blatt auf das untere Ende der Rollmatte legen (den glatten Teil nach unten). Die Hände mit Essigwasser befeuchten und mit einem Viertel vom Reis gleichmäßig belegen, dabei oben einen knapp 1 cm breiten Längsstreifen frei lassen (siehe S. 48/49).

3 In die Reismitte längs leicht eine Linie eindrücken, darauf etwas Wasabi-Paste streichen. Ein Viertel der Forellenstreifen längs darauflegen und mit einem Viertel Kresse bestreuen. Die Rollmatte von oben nach unten samt Nori-Blatt aufrollen. Die Rolle in Form drücken und so 3 weitere Rollen fertigstellen.

4 Die einzelnen Rollen erst halbieren, nebeneinanderlegen und in jeweils drei gleichmäßig große Röllchen schneiden. Mit der Schnittseite nach oben anrichten.

TIPPS FÜR WEITERE FÜLLUNGEN

Als Füllung für einfache, klassische Fisch-Makis eignet sich rohes Lachs- oder Thunfischfilet – perfekt sind hier die schmalen Randstücke, die häufig beim Zuschneiden von Filet für Nigiri entstehen – aber auch Graved-Lachs, Räucherlachs und andere geräucherte Fischfilets.

MADE-IN-ITALY-MAKI

FÜR 24 STÜCK

ZUTATEN

100 g in Salz eingelegte Sardellen

2 feste Tomaten

4 Stängel Basilikum

2 Nori-Algenblätter

Essigwasser (siehe S. 15)

½ Portion Sushi-Reis (siehe Grundrezept S. 16/17)

SO GEHT'S

1 Das Salz gründlich mit kaltem Wasser von den Sardellen spülen, anschließend die Sardellen gut trocken tupfen. Die Tomaten waschen und rundum 5 dicke Scheiben abschneiden, den inneren Teil entfernen und möglichst anderweitig verwenden. Die Scheiben in ca. 5 mm dicke Streifen schneiden. Das Basilikum waschen, trocken schütteln, die Blättchen abzupfen und in Streifen schneiden.

2 Die Nori-Blätter längs halbieren. Jeweils ein halbes Blatt mit der glatten Seite nach unten bündig zum unteren Rand der Rollmatte auf die Matte legen. Die Hände mit Essigwasser befeuchten und ein Viertel vom Reis auf dem Blatt verteilen (siehe S. 48/49), dabei oben ca. 1 cm frei lassen.

3 In die Reismitte längs eine Linie leicht eindrücken und diese der Länge nach mit einem Viertel der Sardellenfilets belegen. Daneben ein Viertel der Tomatenstreifen legen und beides mit einem Viertel des Basilikums bestreuen.

4 Nori-Blatt mithilfe der Matte samt Füllung aufrollen und rund formen. Mit der Nahtseite nach unten legen und in 6 Röllchen schneiden. So 3 weitere Rollen formen und zuschneiden.

BRETONISCHE **MAKRELEN-MAKI**

FÜR 24 STÜCK

ZUTATEN

100 g geräuchertes Makrelenfilet

3 EL Crème fraîche

½–¾ TL Wasabi-Paste

Salz, Pfeffer

1–2 Spritzer Zitronensaft

½ Bund Schnittlauch

2 Nori-Algenblätter

Essigwasser (siehe S. 15)

½ Portion Sushi-Reis (siehe Grundrezept S. 16/17)

SO GEHT'S

1 Die Haut vom Makrelenfilet abziehen und das Filet längs in ca. 5 mm dicke Streifen schneiden. Crème fraîche mit Wasabi-Paste verrühren und mit Salz, Pfeffer und Zitronensaft abschmecken. Den Schnittlauch waschen und trocken schütteln.

2 Die Nori-Blätter längs halbieren. Jeweils ein halbes Blatt mit der glatten Seite nach unten bündig zum Rand der Matte auf die Rollmatte legen. Die Hände mit Essigwasser befeuchten und ein Viertel vom Reis auf dem Blatt verteilen (siehe S. 48/49), dabei oben 1 cm frei lassen.

3 In die Reismitte längs eine Linie leicht eindrücken und mit einem Viertel der Crème-fraîche-Wasabi-Mischung bestreichen. Darauf ein Viertel der Makrelenstreifen und daneben ein Viertel der Schnittlauchhalme legen.

4 Nori-Blatt mithilfe der Matte samt Füllung aufrollen und rund formen. Mit der Nahtseite nach unten legen und in 6 Röllchen schneiden, dabei eventuell überstehende Schnittlauchhalme abschneiden. So 3 weitere Rollen formen und zuschneiden.

CRISPY-SALMON-URA-MAKI

FÜR 12 STÜCK

ZUTATEN

180 g Lachsfilet mit Haut

1 Stück Salatgurke (100 g)

½ Avocado

1 TL Zitronensaft

2 Frühlingszwiebeln

2 Nori-Algenblätter

Essigwasser (siehe S. 15)

½ Portion Sushi-Reis (siehe Grundrezept S. 16/17)

1 TL Wasabi-Paste

3 EL grüner oder orangefarbener Tobiko (Kaviar) (siehe S. 139)

SO GEHT'S

1 Das Lachsfilet von der Haut schneiden, die braunen Fettstellen am Fischfleisch wegschneiden, eventuell Gräten entfernen. Ein beschichtetes Pfännchen erhitzen und die Haut darin beidseitig 2–3 Minuten knusprig braun braten, dabei mithilfe von zwei Gabeln flach auf den Pfannenboden drücken, damit sie sich nicht aufrollt. Auf Küchenpapier etwas abkühlen lassen, dann längs in Streifen schneiden.

2 Das Lachsfilet quer in 5 mm dicke Scheiben schneiden. Die Gurke waschen, schälen und längs in dünne Scheiben, diese längs in Streifen schneiden; dabei den inneren Teil mit den Kernen wegwerfen. Avocado aus der Schale lösen, dabei den Kern entfernen. Das Fruchtfleisch längs vierteln und in Zitronensaft wenden. Frühlingszwiebeln waschen und den grünen Teil in feine Ringe schneiden, den weißen Teil anderweitig verwenden.

3 Die Rollmatte mit Frischhaltefolie umwickeln, Nori-Blätter längs um ein Drittel kürzen. 1 Nori-Blatt (glatte Seite nach unten) auf ein Küchenbrett legen. Die Hände mit Essigwasser befeuchten und die Hälfte des Reises auf dem Nori-Blatt verteilen, dabei oben und unten einen 1 cm breiten Rand freilassen. Den Reis leicht andrücken. Die Rollmatte auflegen und mithilfe des Bretts wenden; das Brett weglegen.

4 Die Hälfte der Wasabi-Paste in einer Linie auf dem unteren Drittel des Nori-Blatts verteilen, darauf die Hälfte des Lachsfilets, darüber die Hälfte der Frühlingszwiebelringe und der Lachshaut legen, darüber Avocado und Gurke. Nun vorsichtig mithilfe der Matte aufrollen und leicht in Form drücken. Die zweite Rolle ebenso rollen.

5 Beide Rollen nebeneinanderlegen, mit dem Kaviar belegen und in je 6 gleich große Stücke schneiden.

THUNFISCHCREME-FUTO-MAKI

FÜR 16 STÜCK

ZUTATEN

1 Dose Thunfisch im eigenen Saft (ca. 90 g Abtropfgewicht)

2 EL Frischkäse

1–2 TL Zitronensaft

1 TL Wasabi-Paste

Salz, Pfeffer

¼ Bund Schnittlauch

1 Stange Staudensellerie

1 Stück Salatgurke (100 g)

2 Nori-Algenblätter

Essigwasser (siehe S. 15)

½ Portion Sushi-Reis (siehe Grundrezept S. 16/17)

SO GEHT'S

1 Den Thunfisch in ein Sieb geben und gut abtropfen lassen, ausdrücken und mit einer Gabel auseinanderzupfen. Gründlich mit dem Frischkäse, 1 Teelöffel Zitronensaft und Wasabi-Paste vermengen und mit Salz, Pfeffer und Zitronensaft abschmecken.

2 Den Schnittlauch waschen und trocken schütteln. Sellerie waschen, putzen, einmal quer halbieren, dann längs in feine Stifte schneiden. Die Gurke waschen und erst in 3–4 mm breite Scheiben und diese längs in schmale Stifte schneiden; dabei den inneren weichen Teil mit den Kernen wegwerfen.

3 1 Nori-Blatt mit der glatten Seite nach unten auf die Rollmatte legen. Die Hände mit Essigwasser befeuchten und die Hälfte vom Reis darauf verteilen. Im unteren Drittel des Reises längs eine Vertiefung drücken und die Hälfte der Schnittlauchhalme der Länge nach darauflegen. Darauf die Hälfte der Thunfischmasse in einer Linie verteilen, daneben die Hälfte der Selleriestifte. Die Gurkenstifte ganz obenauf längs verteilen.

4 Nori-Blatt und Reis mithilfe der Matte über die Füllung rollen. Die Füllung dabei mit den Händen leicht zusammendrücken, dann alles weiter bis zum Ende aufrollen und zu einer festen Rolle formen. Die zweite Rolle ebenso rollen. Jede Rolle mit einem Messer ohne viel Druck in 8 Scheiben schneiden.

NEW SUSHI

VE

GGIE

Sie sind voll im Trend: Sushi mit Gemüse, Tofu, Omelette und anderen vegetarischen Köstlichkeiten. Kein Wunder, denn sie schonen nicht nur Fischbestände und Umwelt, sondern verheißen auch neue Geschmackserlebnisse. Für optische Abwechslung sorgt Farbe im Reis – rein pflanzlich versteht sich.

VEGGIE-**NIGIRI**

FÜR 8 STÜCK

ZUTATEN

1 kleines Bund Enoki-Pilze

1 großer Shiitake-Pilz

1 TL Olivenöl

1 TL Sojasauce

3 dünne Scheiben roter Rettich

1 TL Reisessig

2–3 schräg geschnittene Scheiben Salatgurke

Salz

1 dünne Stange grüner Spargel

2 dünne Scheiben Avocado

1 TL Zitronensaft

½ Nori-Algenblatt

Essigwasser (siehe S. 15)

½ Portion Sushi-Reis (siehe Grundrezept S. 16/17)

1 TL Wasabi-Paste

¼ gegrillte Paprikaschote

SO GEHT'S

1 Die Enoki-Pilze vorsichtig säubern. Den großen Shiitake-Pilz in 3–4 Scheiben schneiden, dabei den Stiel entfernen. Öl in einem Pfännchen erhitzen, den Pilz darin bei starker Hitze braten, mit Sojasauce ablöschen und noch kurz ziehen, dann abkühlen lassen. 100 ml Wasser mit ½ Teelöffel Essig mischen, aufkochen, vom Herd nehmen, den Rettich hineingeben und kurz ziehen lassen. Die Gurkenscheiben leicht salzen und ziehen lassen. Den Spargel dritteln und in Salzwasser 3–4 Minuten garen, in ein Sieb geben und kalt abschrecken, dann abtropfen lassen. Avocadoscheiben mit Zitronensaft bepinseln. Das Algenblatt mit einer sauberen Schere in knapp 1 cm breite Streifen schneiden.

2 Hände mit Essigwasser befeuchten, aus dem Reis 8 längliche Klößchen formen (siehe S. 30/31) und dünn mit Wasabi-Paste bestreichen. Enoki-Pilze auf ein Klößchen legen und mit einem Algenblattstreifen umwickeln. Das Blatt mit 2–3 Reiskörnern unten festkleben. Shiitake-Scheiben gefächert auf ein Klößchen legen und leicht andrücken. Gurke und Rettich trocken tupfen und ziegelartig auf zwei weitere Klößchen legen. Den Spargel und die Avocadoscheiben jeweils auf ein Klößchen legen und mit einem Algenblattstreifen umwickeln. Das letzte Klößchen mit der Paprika belegen.

NOCH MEHR VEGGIE-NIGIRI

Die genannten Beispiele sollen die Vielfalt zeigen. Aber es geht noch mehr: Die Pink-Rettich-Pickles (siehe S. 21) sind perfekt, ebenso kurz blanchierte (bunte) Möhrenstreifen oder grüne dünne Bohnen, die zu Bündeln gepackt werden. Probieren Sie auch mal kurz im Wok gegarte kleine Pak-Choi-Blätter oder gebratene Auberginenscheiben.

SWIRL-TAMAGO-**NIGIRI**

FÜR 8 STÜCK

ZUTATEN

4 Eier (Größe M)

2 EL Sojasauce

4 EL Gemüsebrühe

Salz

Sonnenblumenöl zum Braten

1 ½ Nori-Algenblätter

Essigwasser (siehe S. 15)

½ Portion Sushi-Reis (siehe Grundrezept S. 16/17)

1 TL Wasabi-Paste

SO GEHT'S

1 Die Eier in eine Schüssel aufschlagen, Sojasauce und Gemüsebrühe zugeben und ca. ⅓ Teelöffel Salz. Alles mit dem Schneebesen kurz schaumig verschlagen.

2 Eine große beschichtete Pfanne mit wenig Öl auspinseln. Nur so viel Eiermischung hineingeben, dass der Boden der Pfanne gerade eben bedeckt ist. Eier bei mittlerer Hitze etwas stocken lassen, sodass die Oberfläche noch schön feucht ist, dann sofort das ganze Algenblatt auflegen und mit einem Holzspatel leicht im Ei andrücken.

3 Das Omelette nun vom unteren Pfannenrand her ca. 1,5 cm breit umschlagen und fest weiter nach oben rollen, sodass eine leicht rechteckige Rolle entsteht; dabei nach jedem Umschlagen die Rolle mit dem Holzspatel leicht fest und rechteckig drücken. Die Rolle am oberen Pfannenrand liegen lassen. Eine neue Schicht Eiermasse in die Pfanne bis hin zur fertigen Rolle gießen.

4 Sobald die neue Eischicht zu stocken beginnt, das halbe Algenblatt auflegen und wie beschrieben die Rolle nun von oben nach unten aufrollen. Falls noch Ei übrig ist, diesen Vorgang erneut von unten nach oben wiederholen, ohne ein Algenblatt aufzulegen. Die Omeletterolle rechteckig zusammendrücken, mit einem Brett beschweren und abkühlen lassen.

5 Aus dem Reis mit in Essigwasser befeuchteten Händen, wie auf S. 30/31 beschrieben, 8 Nigiri-Klößchen formen. Die Omeletterolle in 8 etwa 1 cm dicke Scheiben schneiden. Die Scheiben auf einer Seite dünn mit Wasabi bestreichen und damit nach unten auf jeweils ein Reisklößchen legen und festdrücken.

NOCH MEHR FÜLLUNGEN

Die Makis sind perfekte Fingerhäppchen, in die man auch mal „Reste“, wie z. B. übrig gebliebene Fischabschnitte (die bei Nigiris anfallen), packen kann. Für Veggie-Makis gehen auch frische Gurken- oder Rettichstifte, Avocadoviertel, Ofenpaprikastreifen in Stiften oder eingelegte Rettichstreifen (aus dem Asialaden).

VEGGIE-**MAKI**

FÜR 24 STÜCK

ZUTATEN

150 g Baby-Spinat

Salz

4 schlanke Stangen grüner Spargel

150 g Kimchi (siehe S. 22 oder fertig gekauft)

2 Nori-Algenblätter

Essigwasser (siehe S. 15)

½ Portion Sushi-Reis (siehe Grundrezept S. 16/17)

1 TL Wasabi-Paste

½ TL helle Sesamsamen

1 TL schwarze Sesamsamen

SO GEHT'S

1 Den Spinat waschen und verlesen. Einen Topf erhitzen, Spinat hineingeben, leicht salzen und bei starker Hitze zusammenfallen lassen. Anschließend in ein Sieb geben, abtropfen lassen und gut ausdrücken. Die Spargelenden schälen und den Spargel in Salzwasser 6–8 Minuten garen, herausheben und abkühlen lassen. Kimchi trocken tupfen.

2 Die Nori-Blätter längs halbieren. Je ½ Blatt mit der glatten Seite nach unten längs auf das untere Ende der Rollmatte legen, sodass Blatt- und Mattenkante bündig aufeinanderliegen. Die Hände mit Essigwasser befeuchten und ein Viertel des Sushi-Reises gleichmäßig auf dem Blatt verteilen, dabei am oberen Rand 1 cm frei lassen.

3 In die Reismitte längs leicht eine Linie eindrücken und mit etwas Wasabi bestreichen. Längs auf dieser Linie jeweils den Spinat, eine Spargelstange bzw. das Kimchi auslegen. Spinat mit hellem Sesam, Spargel mit dunklen Sesamsamen bestreuen.

4 Die Rollmatte jeweils von unten nach oben samt Algenblatt aufrollen, dabei die Füllung mit den Fingern festhalten.

5 Die Matte anschließend über die fertige Sushi-Rolle legen und diese durch leichtes Drücken von oben und den Seiten in Form bringen. So insgesamt 4 Rollen formen und mit der Nahtseite nach unten legen.

6 Ein scharfes Messer mit Essigwasser abwischen und jeweils eine Rolle erst halbieren, dann die Hälften parallel nebeneinanderlegen und zusammen in 3 gleich große Röllchen schneiden. Maki-Rollen mit der Schnittseite nach oben anrichten.

MAKI ROLLEN

Egal, ob kleine Hoso-Maki, üppig gefüllte Futo-Maki oder mit dem Reis nach außen gerollte Ura-Maki – das Prinzip, Reis mithilfe eines Algenblatts und einer Bambusmatte einzurollen, ist immer dasselbe. Am besten klein anfangen, dann gelingen nach kurzer Zeit auch die kniffligeren Inside-Out-Ura-Maki.

HOSO-MAKI/FUTO-MAKI

1 Für ein Hoso-Maki das Nori-Blatt längs halbieren und mit der Längsseite bündig auf den unteren Teil der Sushi-Rollmatte legen. Den Reis darauf verteilen, oben einen 1 cm breiten Rand frei lassen. Den Reis nicht zu dick gleichmäßig verteilen, an den Rändern genug Reis auflegen und möglichst gerade abschließend andrücken.

2 Die Füllung in der Mitte des Reises längs in einer Linie auslegen und das Algenblatt mithilfe der Matte von oben nach unten aufrollen.

WICHTIG

Die Füllung beim Rollen möglichst etwas mit den Fingern festhalten, damit sie nicht verrutscht. Die Bambusmatte nicht mit einrollen, sondern sie gegen Ende hin über die Sushi-Rolle schlagen!

3 Die Matte über die fertige Sushi-Rolle legen und diese durch leichtes Drücken von oben und den Seiten in Form bringen: rund oder nach Wunsch leicht quadratisch.

WICHTIG

Kleine Maki und Futo-Maki werden meist mit der Schnittseite nach oben liegend serviert, Ura-Maki aufrecht stehend.

URA-MAKI

4 Bei Ura-Maki (auch Inside-Out-Rolls genannt) das Algenblatt auf ein Küchenbrett legen und den Reis darauf verteilen. Die Rollmatte mit Frischhaltefolie umwickeln, auf den Reis legen und mithilfe des Bretts so wenden, dass das Algenblatt oben liegt. Dieses nach Rezept belegen und den Reis samt Blatt mithilfe der Matte wie gewohnt aufrollen.

EINFACHER

Wer sich mit dem Wenden schwer tut, kann noch ein zweites Brett auf die Rollmatte legen und so mithilfe der beiden Bretter die Matte samt Reis und Algenblatt sicher wenden.

RADI-**MAKI**

FÜR 24 STÜCK

ZUTATEN

150 g weißer Rettich

2 EL Rapsöl

3 Msp. Kurkumapulver

1 Msp. Chilipulver

Salz, Pfeffer

2 Nori-Algenblätter

Essigwasser (siehe S. 15)

½ Portion Sushi-Reis (siehe Grundrezept S. 16/17)

1 TL Wasabi-Paste

4 TL schwarze Sesamsamen

SO GEHT'S

1 Den Rettich schälen und in ca. 1 cm breite Scheiben schneiden. Öl in einer kleinen beschichteten Pfanne erhitzen und die Rettichscheiben darin beidseitig braun braten. Kurkuma- und Chilipulver darüberstäuben, 2–3 Esslöffel Wasser zugeben, durchschwenken, salzen, pfeffern und 5–7 Minuten bei niedriger Hitze garen. Der Rettich sollte noch bissfest und die Flüssigkeit verdampft sein. Abkühlen lassen, dann die Scheiben in ca. 1 cm dicke Stifte schneiden.

2 Die Nori-Blätter längs halbieren. Jeweils ein halbes Blatt mit der glatten Seite nach unten bündig auf die Rollmatte legen. Die Hände mit Essigwasser befeuchten und ein Viertel vom Reis auf dem Blatt verteilen (siehe S. 48/49).

3 In die Reismitte längs eine Linie leicht eindrücken und mit einem Viertel des Wasabi bestreichen. Darauf ein Viertel der Rettichstifte legen, mit je 1 Teelöffel Sesam bestreuen. Das Nori-Blatt mithilfe der Matte samt Füllung aufrollen und rund formen.

4 Die Rolle mit der Nahtseite nach unten legen und in 6 Röllchen schneiden. So 3 weitere Rollen formen und zuschneiden.

KALE-**MAKI**

FÜR 24 STÜCK

ZUTATEN

120 g zarte Grünkohlblätter

1 Knoblauchzehe

1 EL Rapsöl

3 EL Sojasauce

2 EL Tahin (Sesammus)

2 EL (Shiro-)Miso (siehe S. 138)

1/3 TL Chilisauce (z. B. Sriracha)

2 Nori-Algenblätter

Essigwasser (siehe S. 15)

1/2 Portion Sushi-Reis
(siehe Grundrezept S. 16/17)

4 TL helle Sesamsamen

SO GEHT'S

1 Grünkohl waschen, trocken schütteln und die Blätter in kleinen Stücken von den Stielen zupfen. Den Knoblauch schälen und in Scheiben schneiden. Öl in einem Topf erhitzen, darin Knoblauch und Grünkohl bei starker Hitze andünsten. Mit 2 Esslöffel Sojasauce und 3 Esslöffel Wasser ablöschen und 10 Minuten bei niedriger Hitze zugedeckt garen.

2 Inzwischen Tahin, Miso, Chilisauce und 1 Esslöffel Sojasauce glatt verrühren. Den Grünkohl in ein Sieb geben und abkühlen lassen. Den Knoblauch herausfischen und den Kohl ausdrücken und feiner hacken.

3 Die Nori-Blätter längs halbieren. Jeweils ein halbes Blatt mit der glatten Seite nach unten auf die Rollmatte legen. Die Hände mit Essigwasser befeuchten und ein Viertel vom Reis auf dem Blatt verteilen (siehe S. 48/49).

4 In die Reismitte eine Linie leicht eindrücken und mit einem Viertel der Tahin-Miso-Creme bestreichen. Darauf ein Viertel des Grünkohls legen, mit je 1 Teelöffel Sesam bestreuen. Das Nori-Blatt mithilfe der Matte samt Füllung aufrollen und rund formen.

5 Die Rolle mit der Nahtseite nach unten legen und in 6 Röllchen schneiden. So 3 weitere Rollen formen und zuschneiden.

PINK **FUTO-MAKI**

FÜR 16 STÜCK

ZUTATEN

4 EL Frischkäse

½ TL Wasabi-Paste

Salz, Pfeffer

⅓ Bund Schnittlauch

ca. 30 schmale Rucola-Blätter

100 g roter Rettich

1 Stück Rote Bete (ca. 60 g)

½ Portion Sushi-Reis (siehe Grundrezept S. 16/17)

2 Nori-Algenblätter

Essigwasser (siehe S. 15)

SO GEHT'S

1 Den Frischkäse mit der Wasabi-Paste verrühren und mit Salz und Pfeffer würzen. Den Schnittlauch waschen und trocken schütteln. Den Rucola waschen, gut trocken tupfen und die harten Stiele entfernen. Den Rettich waschen, putzen und längs in feine dünne Stifte schneiden.

2 Die Rote Bete schälen (dazu Gummihandschuhe tragen, sie färbt) und auf einer Rohkostreibe ganz fein reiben oder, falls möglich, im Mixer pürieren. Vorsichtig unter den Sushi-Reis heben und verteilen, bis der Reis schön pink gefärbt ist.

3 Ein Nori-Blatt mit der glatten Seite nach unten auf die Rollmatte legen. Die Hände mit Essigwasser befeuchten und die Hälfte vom Reis auf dem Blatt verteilen (siehe S. 48/49).

4 In der Reismitte eine Linie leicht eindrücken und mit der Hälfte der Frischkäse-Wasabi-Mischung in einer Linie bestreichen, daneben die Rettichstreifen und die Hälfte des Schnittlauchs längs anordnen. Die Hälfte der Rucolablätter längs auf dem Frischkäse platzieren und leicht andrücken. Das Nori-Blatt mithilfe der Matte samt Füllung aufrollen und rund formen.

5 Die Rolle mit der Nahtseite nach unten legen und in 8 gleich große Röllchen schneiden. So 1 weitere Rolle zubereiten.

GREEN-MATCHA-URA-MAKI

FÜR 12 STÜCK

ZUTATEN

1 dicke Möhre

Salz

½ große reife Avocado

1 TL Zitronensaft

1 Stück Salatgurke (ca. 100 g)

50 g Wasabi-Erbsen (Fertigprodukt oder Wasabi-Erdnüsse)

2 Nori-Algenblätter

Essigwasser (siehe S. 15)

½ Portion Sushi-Reis mit Matcha (siehe Tipp)

SO GEHT'S

1 Die Möhre schälen, putzen und längs in schmale Stifte schneiden. Etwas Salzwasser aufkochen und die Möhre darin in 3–4 Minuten garen; sie sollte biegsam sein, aber noch leicht Biss haben. Herausnehmen und trocken tupfen.

2 Kern und Schale von der Avocado lösen, das Fruchtfleisch längs in Spalten schneiden und sofort in Zitronensaft wenden. Die Gurke waschen, längs in schmale Scheiben und diese in feine Streifen schneiden, dabei den inneren Teil mit Kernen wegwerfen. Wasabi-Erbsen oder -Nüsse im Blitzhacker grob zerbröseln.

3 Die Rollmatte mit Frischhaltefolie umwickeln, Nori-Blätter längs um ein Drittel kürzen. Ein Nori-Blatt mit der glatten Seite nach unten auf ein Küchenbrett legen. Hände mit Essigwasser befeuchten und die Hälfte vom Reis auf dem Nori-Blatt verteilen, dabei oben und unten einen 1 cm breiten Rand freilassen. Die Rollmatte auflegen und wenden.

4 Die Avocadospalten auf dem unteren Drittel des Blatts längs in einer Linie anordnen, Gurken- und Möhrenstreifen darauf platzieren. Mithilfe der Matte aufrollen und aus den übrigen Zutaten eine zweite Rolle formen. Erbsen- oder Nussbrösel auf einen flachen Teller geben, die Rollen darin wenden und die Brösel andrücken. Die Rollen in jeweils 6 gleich große Stücke schneiden und aufrecht stehend anrichten.

MATCHA-SUSHI-REIS

Den Reis, wie auf S. 16/17 beschrieben, garen und auskühlen lassen. Währenddessen die Reis-Essig-Zuckermischung zubereiten und 1 ½ TL Matcha-Pulver unter die noch warme Mischung rühren. Auf dem handwarm abgekühlten Reis verteilen und, wie im Grundrezept beschrieben, unterrühren.

EDAMAME-**FUTO-MAKI**

FÜR 16 STÜCK

ZUTATEN

1 Schalotte

10 g frischer Ingwer

1 Knoblauchzehe

1 ½ EL Rapsöl

100 g tiefgekühlte gepalte Edamame (siehe S. 138)

½ TL Currypulver

100 ml Gemüsebrühe

1 rote Spitzpaprikaschote

Salz, Pfeffer

½ Avocado

1 EL Limettensaft

2 Nori-Algenblätter

Essigwasser (siehe S. 15)

½ Portion Sushi-Reis (siehe Grundrezept S. 16/17)

SO GEHT'S

1 Schalotte, Ingwer und Knoblauch schälen und getrennt klein würfeln. ½ Esslöffel Öl in einem Topf erhitzen, darin die Schalottenwürfel goldgelb andünsten. Ingwer, Edamame und Curry dazugeben, kurz mitbraten, dann mit Gemüsebrühe ablöschen und zugedeckt 10 Minuten bei niedriger Hitze garen lassen.

2 Inzwischen die Spitzpaprika längs halbieren, putzen, waschen und längs in schmale Streifen schneiden. Übriges Öl in einem beschichteten Pfännchen erhitzen, darin Knoblauch und Paprika unter Rühren bei starker Hitze 2 Minuten braten. 2–3 Esslöffel Wasser zugeben und bei mittlerer Hitze garen, bis das Wasser verdunstet ist und die Paprikastreifen weicher sind, aber noch Biss haben. Das Pfännchen vom Herd nehmen und abkühlen lassen. Die Avocado schälen, den Kern entfernen und das Fruchtfleisch längs in 8 dünne Spalten schneiden, diese sofort in Limettensaft wenden.

3 Edamame in ein Sieb abgießen, dabei die Brühe auffangen. Die Bohnen abkühlen lassen und im Blitzhacker krümelig und eher trocken pürieren, dabei eventuell etwas Brühe zugeben, aber die Bohnen auf keinen Fall zu Mus pürieren!

4 Jeweils 1 Nori-Algenblatt auf die Rollmatte legen und darauf mit Essigwasser befeuchteten Händen jeweils die Hälfte des Reises verteilen. In die Reismitte eine leichte Linie drücken. Darauf die Hälfte der Edamame-Masse geben, leicht andrücken, die Hälfte der Paprika- und Avocadostreifen links und rechts davon als Linie anordnen. Die Sushi dann mithilfe der Matte aufrollen, die Rollen in je 8 Sushi-Stücke schneiden und aufrecht stehend anrichten.

INDIAN-SUMMER-FUTO-MAKI

FÜR 16 STÜCK

ZUTATEN

½ Portion Sushi-Reis (mit Rote-Bete-Saft gekocht, siehe Schritt 1)

je 80 g gelbe, orange und violette Möhren

1 Stück frischer Ingwer (10 g)

Salz

1 EL Reisessig

10–12 große Shiso-Blätter (siehe S. 139)

3 EL Frischkäse

1–1 ½ TL Currypulver

1 TL Limettensaft

1 TL Ahornsirup

2 Nori-Algenblätter

Essigwasser (siehe S. 15)

SO GEHT'S

1 Für den Sushi-Reis den Reis anstelle von Wasser mit derselben Menge Rote-Bete-Saft zubereiten, dann weiterverarbeiten wie im Grundrezept S. 16/17 beschrieben.

2 Die Möhren schälen, putzen, eventuell einmal quer halbieren und in feine Streifen bzw. Stifte schneiden. Den Ingwer schälen und in feine Scheiben schneiden. Ca. ¼ l Wasser aufkochen, salzen, den Ingwer zugeben und 5 Minuten bei niedriger Hitze köcheln. Den Reisessig einrühren. Nun zuerst die gelben Möhren hineingeben und bei mittlerer Hitze 2–3 Minuten garen; sie sollen nicht zu weich werden. Mit einem Schaumlöffel herausheben und auf Küchenpapier abtropfen lassen. Dann die orangen und zuletzt die violetten Möhren ebenso garen. Den Ingwer ebenfalls aus dem Garsud heben. Alles abkühlen lassen.

3 Shiso-Blätter waschen und trocken tupfen. Den Frischkäse mit Currypulver, Limettensaft und Ahornsirup verrühren und mit Salz abschmecken.

4 Ein Nori-Blatt mit der glatten Seite nach unten auf die Rollmatte legen. Die Hände mit Essigwasser befeuchten und die Hälfte vom Reis auf dem Blatt verteilen (siehe S. 48/49).

5 Im unteren Drittel in die Reismitte eine Linie leicht eindrücken und mit der Hälfte der Currycreme in einer Linie bestreichen. Darauf und darüber die Möhrenstreifen farblich getrennt längs anordnen. Den Ingwer grob hacken und darüberstreuen. Die Hälfte der Shiso-Blätter leicht überlappend darauflegen, sodass sie die Möhren umschließen. Das Nori-Blatt mithilfe der Matte samt Füllung aufrollen und rund formen. Mit der Nahtseite nach unten legen und in 8 gleich große Röllchen schneiden. Nach diesem Prinzip 1 weitere Rolle formen und zuschneiden.

TERIYAKI-TOFU-URA-MAKI

FÜR 12 STÜCK

ZUTATEN

100 g Tofu

Rapsöl zum Braten

2 EL Sojasauce

2 EL Mirin (siehe S. 138)

½ TL Zucker

1 dicke Möhre

1 Stange Staudensellerie

Salz

1 Frühlingszwiebel

2 Nori-Algenblätter

½ Portion Sushi-Reis (siehe Grundrezept S. 16/17)

1 TL Wasabi-Paste

Rote-Bete-Sprossen zum Bestreuen

SO GEHT'S

1 Den Tofu gut mit Küchenpapier trocken tupfen, leicht ausdrücken und in möglichst lange ca. 1 cm dicke Stifte schneiden. Reichlich Öl in einem beschichteten Pfännchen erhitzen, den Tofu ringsum braun braten und herausnehmen. Das Öl aus der Pfanne gießen, Sojasauce, Mirin, 3 Esslöffel Wasser und Zucker hineingeben und unter Rühren aufkochen. Bei starker Hitze zu einem dickflüssigen Sirup einkochen. Tofu hineingeben und bei niedriger Hitze mitgaren, dabei mehrmals wenden, bis die Flüssigkeit so gut wie verdunstet und der Tofu klebrig überzogen ist. Anschließend abkühlen lassen.

2 Die Möhre schälen und längs in dünne Stifte schneiden. Den Staudensellerie waschen, putzen und längs in schmale Streifen schneiden. Beides 2–3 Minuten in Salzwasser garen, in ein Sieb abgießen, kalt abbrausen, dann gut trocken tupfen. Die Frühlingszwiebel waschen, das Grün in feine Ringe schneiden und den weißen Teil anderweitig verwenden.

3 Die Rollmatte mit Frischhaltefolie umwickeln, Nori-Blätter längs um ein Drittel kürzen. 1 Nori-Blatt mit der glatten Seite nach unten auf ein Küchenbrett legen. Die Hälfte vom Sushi-Reis auf dem Nori-Blatt verteilen, dabei oben und unten 1 cm frei lassen. Rollmatte auflegen und wenden, das Brett wegnehmen.

4 Die Hälfte vom Wasabi in einer Linie auf dem unteren Drittel des Nori-Blatts verstreichen. Darauf die Hälfte des Tofus in einer Linie auslegen, mit der Hälfte der Frühlingszwiebeln bestreuen, daneben und darauf die Hälfte des Selleries und der Möhrenstreifen. Mithilfe der Matte aufrollen. Die zweite Rolle ebenso formen. Die Rollen jeweils halbieren, parallel nebeneinanderlegen und die Hälften in 3 gleich große Stücke schneiden. Aufrecht stehend anrichten und mit Sprossen bestreuen.

VEGGIE-TEMPURA-**DRAGON-ROLL**

FÜR 16 STÜCK

ZUTATEN

1 Ei (Größe M)

100 g Tempura-Mehl (siehe S. 139)

1 schlanke Aubergine

2 Frühlingszwiebeln

1 reife Avocado

1 TL Zitronensaft

1,2 l Öl zum Frittieren

Tempura-Mehl zum Wenden

2 Nori-Algenblätter

½ Portion Sushi-Reis (siehe Grundrezept S. 16/17)

3–4 EL Asia-Mayonnaise (siehe S. 18) oder normale Mayonnaise aus dem Glas

1 TL schwarze Sesamsamen

SO GEHT'S

1 Das Ei mit 200 ml eiskaltem Wasser (ideal: Eiswürfel in Wasser auflösen) verquirlen. Tempura-Mehl zugeben und schnell mit dem Schneebesen unterrühren. Den Teig kalt stellen.

2 Die Aubergine längs achteln, dabei den inneren weichen Teil entfernen, sodass ca. 1 cm breite Stifte mit Schale übrig bleiben. Frühlingszwiebeln waschen, den weißen Teil längs halbieren, den grünen Teil in feine Ringe schneiden. Die Avocado halbieren, Kern und Schale entfernen. Den unteren dicken Teil quer in dünne Scheiben schneiden, den oberen längs in breite Streifen und sofort in Zitronensaft wenden.

3 Öl in einem Topf erhitzen, den Teig durchrühren. Einen Tropfen davon ins heiße Öl geben; wenn er sprudelnd an der Oberfläche schwimmt, ist das Öl heiß genug. Auberginenstife und die halbierten Frühlingszwiebeln in Mehl wenden, durch den Teig ziehen und im Öl 1–2 Minuten hellgelb frittieren. Mit einer Schaumkelle herausnehmen, auf Küchenpapier abtropfen lassen.

4 Die Rollmatte mit Frischhaltefolie umwickeln, Nori-Blätter längs um ein Drittel kürzen. Ein Nori-Blatt (glatte Seite nach unten) auf ein Küchenbrett legen. Die Hälfte des Reises auf dem Nori-Blatt verteilen, dabei oben und unten einen 1 cm breiten Rand frei lassen, den Reis leicht andrücken. Die Rollmatte auflegen und mithilfe des Bretts wenden. Dann das Brett weglegen.

5 In den Reis im unteren Drittel des Nori-Blatts längs eine Linie drücken, darauf die Hälfte der Tempura-Auberginen und -Frühlingszwiebeln anordnen, daneben die Hälfte der Avocadostreifen. Alles mit Frühlingszwiebelgrün bestreuen. Vorsichtig mithilfe der Matte aufrollen. Die zweite Rolle ebenso rollen. Auf beide Rollen Avocadoscheiben schuppenartig überlappend legen und festdrücken. Mayonnaise zickzackförmig obenauf spritzen und mit Sesam bestreuen. Die Rollen jeweils in 8 Stücke schneiden und als Rolle aufrecht stehend servieren.

OMELETTE-URA-MAKI

FÜR 12 STÜCK

ZUTATEN

2 Eier (Größe M)

2 EL Sojasauce oder Tamari

Öl zum Braten

180 g Mangoldblätter (nur grüner Teil)

10 g Ingwer

1 kleine Knoblauchzehe

2 EL Rapsöl

1 Portobello-Pilz (80 g, ersatzweise 2 große Champignons)

Salz

½ Portion Sushi-Reis (siehe Grundrezept S. 16/17)

Shichimi togarashi (siehe S. 139) zum Bestreuen

SO GEHT'S

1 Eier in einer Schüssel mit Sojasauce verquirlen, nicht schaumig schlagen. Eine beschichtete Pfanne dünn mit Öl ausstreichen und daraus, wie auf Seite 45 beschrieben, eine Omeletterolle braten – dabei kein Algenblatt einrollen. Die fertige Omeletterolle leicht flach zusammendrücken und auskühlen lassen.

3 Mangold waschen, putzen und in Streifen schneiden. Ingwer und Knoblauch schälen. Knoblauch halbieren, die Hälfte davon mit Ingwer fein hacken. Die andere Hälfte in Scheiben schneiden. 1 Esslöffel Rapsöl in einem Topf erhitzen, darin Knoblauch und Ingwer andünsten. Mangold zugeben und bei starker Hitze unter Rühren zusammenfallen lassen. Mit 1 Esslöffel Sojasauce ablöschen, die Sauce verdampfen lassen. Mangold herausnehmen und in einem Sieb auskühlen lassen und ausdrücken.

4 Den Pilz säubern und längs in 3–4 mm dicke Scheiben schneiden. Mit den Knoblauchscheiben im übrigen Öl bei starker Hitze braun braten, salzen und abkühlen lassen.

5 Die Rollmatte mit Frischhaltefolie umwickeln, Nori-Blätter längs um ein Drittel kürzen. 1 Nori-Blatt mit der glatten Seite nach unten auf ein Küchenbrett legen. Die Hälfte des Sushi-Reises auf dem Nori-Blatt verteilen, dabei oben und unten 1 cm frei lassen. Rollmatte auflegen und wenden, das Brett wegnehmen.

6 Die Omeletterolle längs halbieren, einen Streifen davon auf dem unteren Drittel des Nori-Blatts auslegen. Darauf und daneben die Hälfte des Mangolds und der Pilze in einer Linie auslegen. Vorsichtig mithilfe der Matte aufrollen. Die zweite Rolle ebenso formen. Die Rollen jeweils halbieren, parallel nebeneinanderlegen und die Hälften in 3 gleich große Stücke schneiden. Aufrecht stehend anrichten und mit Shichimi togarashi bestreuen.

HERBST-URA-MAKI

FÜR 12 STÜCK

ZUTATEN

150 g Hokkaido-Kürbis (geputzt ca. 100 g)

1 Knoblauchzehe

3 EL Sonnenblumenöl

1 TL Reisessig

½ TL Ahornsirup

Salz, Pfeffer

2 Msp. Chilipulver

100 g Shiitake-Pilze

1 (gelbe) Möhre

2 Stängel Shiso (siehe S. 139)

½ Portion Sushi-Reis (siehe Grundrezept S. 16/17)

2 Nori-Algenblätter

Essigwasser (siehe S. 15)

Shichimi togarashi zum Bestreuen (siehe S. 139)

SO GEHT'S

1 Samen und Fasern aus dem Kürbis kratzen, das Fruchtfleisch mit dem Sparschäler grob schälen und auf der Rohkostreibe raspeln. Knoblauch schälen, halbieren, eine Hälfte in Scheiben schneiden, die andere fein hacken. 1 Esslöffel Öl in einem Pfännchen erhitzen, darin den gehackten Knoblauch andünsten. Den Kürbis zugeben und bei starker Hitze unter Rühren 2–3 Minuten braten. Essig, Ahornsirup und 2 Esslöffel Wasser zugeben, mit Salz, Pfeffer und Chili würzen. Bei mittlerer Hitze unter Rühren garen, bis die Flüssigkeit vollständig verdunstet ist.

2 Die Stiele von den Pilzen wegschneiden, die Hüte in 1 cm breite Scheiben schneiden. 2 Esslöffel Öl in einem Pfännchen erhitzen, darin Pilze mit Knoblauchscheiben unter Rühren bei starker Hitze braun braten. Salzen, pfeffern und abkühlen lassen.

3 Die Möhre schälen, putzen und längs achteln. In Salzwasser 3–4 Minuten bei mittlerer Hitze garen, in ein Sieb abgießen, mit kaltem Wasser abschrecken und abtropfen lassen. Shiso waschen, trocken schütteln und Blätter abzupfen.

4 Die Rollmatte mit Frischhaltefolie umwickeln, Nori-Blätter längs um ein Drittel kürzen. Ein Nori-Blatt (glatte Seite nach unten) auf ein Küchenbrett legen. Die Hände mit Essigwasser befeuchten und die Hälfte des Reises auf dem Nori-Blatt verteilen, dabei oben und unten einen 1 cm breiten Rand frei lassen, den Reis leicht andrücken. Rollmatte auflegen und mithilfe des Bretts wenden, das Brett weglegen.

5 In den Reis im unteren Drittel des Nori-Blatts längs eine Linie drücken, darauf die Hälfte des Kürbisses verteilen, links davon die Hälfte der Pilze, rechts davon die Möhren. Shiso-Blätter dicht an dicht über den Kürbis legen. Vorsichtig mithilfe der Matte aufrollen. Die zweite Rolle ebenso rollen. Beide Rollen nebeneinanderlegen, sparsam mit Shichimi togarashi bestreuen und in je 6 gleich große Stücke schneiden. Aufrecht stehend servieren.

VEGGIE-**RAINBOW-SUSHI**

FÜR 16 STÜCK

ZUTATEN

2 rote Paprikaschoten

1 dicke Möhre

6–8 dünne Stangen grüner Spargel (ideal: Thai-Spargel)

½ Knoblauchzehe

2 EL Olivenöl

Salz, Pfeffer

100 g Räuchertofu

¼ Bund Schnittlauch

1 kleine reife Avocado

1 EL Zitronensaft

2 Nori-Algenblätter

Essigwasser (siehe S. 15)

½ Portion Sushi-Reis (siehe Grundrezept S. 16/17)

2 EL Schnittlauchröllchen zum Bestreuen

SO GEHT'S

1 Den Backofen auf 250 °C (Umluft nicht empfehlenswert) vorheizen. Die Paprikaschoten vierteln, putzen, waschen und mit der Hautseite nach oben auf ein Blech legen. Im heißen Ofen (oben) 25–30 Minuten garen, bis die Haut schwarze Flecken hat. Herausnehmen, kurz abkühlen lassen, dann in einen Gefrierbeutel füllen und abkühlen lassen. Anschließend die Haut mit einem Messer abziehen und die Schoten längs vierteln.

2 Die Möhre schälen, putzen und längs in dünne Stifte schneiden, Den Spargel schälen, holzige Enden wegschneiden. Knoblauch schälen und in Scheiben schneiden, Öl in einer Pfanne erhitzen, darin Möhre, Spargel und Knoblauch bei mittlerer Hitze 3–5 Minuten braten, bis sie leicht bräunen, aber noch Biss haben. Dann salzen und pfeffern. Abkühlen lassen, währenddessen den Tofu längs in breite Stifte schneiden, Schnittlauch waschen und trocken schütteln. Die Avocado schälen, Kern entfernen, das Fruchtfleisch längs in dünne Scheiben schneiden und sofort in Zitronensaft wenden.

3 Die Rollmatte mit Frischhaltefolie umwickeln, Nori-Blätter längs um ein Drittel kürzen. Ein Nori-Blatt (glatte Seite nach unten) auf ein Küchenbrett legen. Die Hände mit Essigwasser befeuchten und die Hälfte des Reises auf dem Nori-Blatt verteilen, dabei oben und unten einen 1 cm breiten Rand freilassen, Reis leicht andrücken. Rollmatte auflegen und mithilfe des Bretts wenden, das Brett weglegen.

4 In den Reis im unteren Drittel des Nori-Blatts längs eine Linie drücken, darauf längs angeordnet die Hälfte von Spargel, Möhren, Schnittlauch und Tofu legen. Mithilfe der Matte aufrollen. Die zweite Rolle ebenso rollen. Auf beide Rollen jeweils abwechselnd Avocado- und Paprikastreifen legen und leicht festdrücken. Zwischen den Gemüsestreifen in jeweils 8 Stücke schneiden und als gesamte Rolle aufrecht stehend servieren.

KONFETTI-INARI

FÜR 12 STÜCK

ZUTATEN

50 g tiefgekühlte Erbsen

Salz

1 Möhre

1 kleine rote Paprikaschote

1 Stück frischer Ingwer (8 g)

2 Frühlingszwiebeln

1 EL Sonnenblumenöl

2 EL Sojasauce oder Tamari

Pfeffer

½ Portion Sushi-Reis (siehe Grundrezept S. 16/17)

12 gekochte Tofutaschen (siehe Tipp)

Essigwasser (siehe S. 15)

SO GEHT'S

1 Die Erbsen ca. 6 Minuten in kochendem Salzwasser bei mittlerer Hitze garen. Anschließend in ein Sieb abgießen, mit kaltem Wasser abbrausen und abtropfen lassen.

2 Die Möhre schälen, die Paprika halbieren, putzen, waschen und dann beides in 3–4 mm kleine Würfelchen schneiden. Ingwer schälen und winzig fein hacken. Frühlingszwiebeln waschen, putzen, trocken schütteln, den weißen Teil längs vierteln und fein hacken, das Grün in feine Ringe schneiden.

3 Das Öl in einer beschichteten Pfanne erhitzen, darin den weißen Teil der Frühlingszwiebeln, Möhre, Paprika und Ingwer bei starker Hitze 2 Minuten unter Rühren braten, mit Sojasauce ablöschen, pfeffern und ca. 1 Minute weiterbraten, bis die Flüssigkeit verdampft ist. Etwas abkühlen lassen, dann das Zwiebelgrün und die Erbsen untermischen und völlig abkühlen lassen.

4 Die Gemüsemischung vorsichtig unter den Reis mischen und den Reis in 12 Portionen teilen. Die Tofutaschen mit Küchenpapier trocken tupfen. Die Hände mit Essigwasser befeuchten und aus dem Reis 12 kleine, lockere Klößchen formen (ähnlich wie für Nigiri, siehe S. 30/31) und in die Taschen füllen.

TIPP

Inari-Sushi, kleine Reisbällchen in einem frittierten Tofutäschchen, sind in Japan ein beliebter Lunch-Snack direkt auf die Hand. Die Tofuhülle schmeckt nicht nur leicht süßlich, sondern sättigt auch zusätzlich. Also ruhig mal in die Bento- bzw- Brotzeitbox packen! Die Tofuhüllen gibt es schon fix und fertig unter der Bezeichnung Ajitsuke Inari in Asialäden zu kaufen – sie müssen nur noch frisch gefüllt werden.

SUSHI
SAN

DWICHS

Die meist dreieckigen Onigiri-Sushi gibt es in Japan als kleine Zwischenmahlzeit auf die Hand in vielen Lebensmittelläden zu kaufen. Noch üppiger gefüllt und ganz einfach zu machen sind die in Nori-Algen gehüllten Sandwichs – perfekt zum Mitnehmen und ideal als glutenfreie Variante zum belegten Brötchen.

HOT-TUNA-**ONIGIRI**

FÜR 3 STÜCK

ZUTATEN

1 EL Sesamsamen

1 Frühlingszwiebel

120 g ganz frisches Thunfischfilet

1 TL geröstetes Sesamöl

1 TL Chilisauce (z. B. Sriracha)

½ Portion Sushi-Reis (siehe Grundrezept S. 16/17)

Essigwasser (siehe S. 15)

¼ Nori-Algenblatt

SO GEHT'S

1 Sesamsamen in einer Pfanne ohne Fett rösten, bis sie angenehm duften, anschließend abkühlen lassen. Die Frühlingszwiebel waschen, putzen und das Grün in ganz feine Ringe schneiden (den weißen Teil anderweitig verwenden).

2 Den Thunfisch erst klein würfeln, dann die Würfel mit einem großen, scharfen Messer möglichst fein hacken. Anschließend mit Sesamöl, Chilisauce, abgekühlten Sesamsamen und Zwiebelgrün mischen und 15 Minuten ziehen lassen.

3 Den Reis in 3 Portionen teilen. Hände mit Essigwasser anfeuchten und aus jeweils einer Portion vorsichtig einen Ball formen, ohne den Reis dabei zusammenzupressen; ein Loch eindrücken und ein Drittel von der Thunfischmasse in die Mitte drücken und den Reis wieder rund darum zusammenformen.

4 Anschließend mit Daumen und Zeigefinger ein Halbdreieck bilden und den Ball darin durch etwas Druck und durch mehrmaliges Wenden zu einem Dreieck formen (siehe S. 76).

5 Das Algenblatt in 3 kurze Streifen schneiden. Jeweils einen Streifen mit der glatten Seite nach oben an einer Seite über das Reisdreieck zum Halten schlagen und leicht festdrücken.

UMEBOSHI-MÖHREN-**ONIGIRI**

FÜR 4 STÜCK

ZUTATEN

1 dicke Möhre (ca. 120 g)

1 Stück frischer Ingwer (ca. 10 g)

1 TL Reisessig

Salz

1 EL schwarze Sesamsamen

½ Portion Sushi-Reis (siehe Grundrezept S. 16/17)

4 Salz-Pflaumen (Umeboshi, aus dem Asia- oder Bio-Laden)

Essigwasser (siehe S. 15)

½ Nori-Algenblatt

SO GEHT'S

1 Die Möhre und den Ingwer schälen und auf der Rohkostreibe fein reiben, dann mit Essig und einer guten Prise Salz mischen. Leicht durchkneten und 30 Minuten ziehen lassen. Dann in ein Sieb geben, gut ausdrücken und vorsichtig mit den Sesamsamen unter den Sushi-Reis mischen, dabei den Reis nicht zu sehr zusammenquetschen. Die Salz-Pflaumen halbieren.

2 Den Reis in 4 Portionen teilen. Hände mit Essigwasser anfeuchten und aus jeweils einer Portion einen Ball formen, ohne den Reis dabei zusammenzupressen, dabei je 1 Pflaume in die Mitte drücken, Reis darum wieder zusammen und rund formen. Anschließend mit Daumen und Zeigefinger ein Halbdreieck bilden und den Ball darin durch etwas Druck und mehrmaliges Wenden zu einem Dreieck formen (siehe S. 76).

3 Das Algenblatt in 4 kurze Streifen schneiden. Jeweils einen Streifen mit der glatten Seite nach oben an einer Seite über das Reisdreieck zum Halten schlagen und leicht festdrücken.

TIPP

Umeboshi werden oft als Pflaumen bezeichnet, sind aber kleine, botanisch eher den Aprikosen verwandte Früchte. Sie werden mit Shiso-Blättern fermentiert und schmecken leicht herb-salzig. Onigiri mit Umeboshi sind in Japan absolute Lieblinge, hierzulande bekommt man die eingelegten Früchte im Bio- oder Asialaden.

ONIGIRI FORMEN

Onigiri, die dreieckigen Sushi-Sandwichs, werden normalerweise freihändig mit viel Reis und nur ein wenig Füllung geformt. Um ein Mehr an Füllung unterzubekommen, haben findige Sushi-Lover eine neue Art „Verpackung" entwickelt, die ganz einfach, dafür aber richtig gut funktioniert. Hier werden beide Arten vorgestellt.

EINFACHE ONIGIRI

1 Den Reis erst locker zu einer Kugel formen. Ein Loch eindrücken. Die Füllung hineingeben und den Reis wieder möglichst locker und ohne zu viel Druck rund darum formen. Dann die Reiskugel zu einem Dreieck formen: dazu das Reisbällchen in eine Hand legen, mit der zweiten Hand durch Anwinkeln der Finger ein Dreieck bilden und auf den Reisball pressen.

2 Nun den Ball weiterdrehen und so rundum drei Ecken formen. Gleichzeitig mit der Hand, die den Ball zunächst gehalten hat, das Dreieck vorne und hinten leicht glatt und gerade drücken. Achtung, nicht zu sehr drücken, damit der Reis nicht pappig und matschig wird! Am Ende einen Streifen Algenblatt um eine Seite schlagen, an der man das Reisdreieck anschließend halten kann.

ONIGIRI-SUSHI-SANDWICHS

1 Ein Stück Frischhaltefolie auslegen. Darauf ein Algenblatt mit einer Spitze nach unten hinlegen. Mittig auf das Blatt ein ca. 10–12 cm großes Reisviereck auflegen. Darauf die unterschiedlichen Zutaten aufeinanderschichten, dabei die Vierecksform beibehalten. Mit einer Lage Reis abschließen. Darauf achten, dass die Zutaten schön als Viereck übereinanderliegen und die Schichten gleichmäßig hoch sind.

2 Nun das Nori-Blatt von allen vier Ecken her nach innen über den Reis zu einem Päckchen klappen, sodass dieser vollständig eingeschlossen ist. Dann die Folie darüberschlagen und alles zu einem festen Päckchen formen. Das Päckchen mit den Händen so zurechtformen, dass alles darin gleichmäßig verteilt ist und die Algen sich mit dem Reis verbinden.

3 Zum Servieren die Folie lösen und die Päckchen mit einem scharfen Messer diagonal in zwei gleich große Dreiecke schneiden.

PRAKTISCH

Die Päckchen lassen sich in Frischhaltefolie wunderbar als Lunchpaket mitnehmen.

SÜSSKARTOFFEL-**ONIGIRI**

FÜR 8 STÜCK

ZUTATEN

1 große Süßkartoffel (400 g)

2 EL Sojasauce oder Tamari

1 EL Tomatenketchup

1 TL Ahornsirup

2 EL Olivenöl

½ TL Chilisauce (z. B. Sriracha)

1 reife Avocado

1 EL Zitronensaft

3 EL geröstete gesalzene Erdnüsse

½ Portion Fix-Japan-Sauerkraut (siehe S. 20)

4 Nori-Algenblätter

½ Portion Sushi-Reis (siehe Grundrezept S. 16/17)

SO GEHT'S

1 Den Backofen auf 220 °C (Umluft 200 °C) vorheizen, die Süßkartoffel schälen und in 5 mm dicke Scheiben schneiden. Sojasauce, Ketchup, Ahornsirup, Olivenöl und Chilisauce verrühren. Die Süßkartoffelscheiben mit gut der Hälfte bepinseln und auf einem mit Backpapier belegten Blech auslegen. Im heißen Ofen (Mitte) in 20–25 Minuten nicht zu weich garen, dabei einmal wenden und von oben mit der übrigen Marinade bepinseln.

2 Inzwischen die Avocado halbieren, Kern und Schale entfernen, die Hälften längs achteln und sofort mit Zitronensaft bepinseln. Die Erdnüsse grob hacken. Das Kraut abtropfen lassen und leicht mit Küchenpapier trocken tupfen.

3 Auf einem großen Bogen Frischhaltefolie 4 Algenblätter mit der glatten Seite nach unten auslegen. In die Mitte jedes Blatts ein Achtel vom Sushi-Reis geben und daraus ein Quadrat, diagonal zu den Außenkanten des Blatts, formen (siehe S. 77). Darauf je ein Viertel Süßkartoffelscheiben dicht an dicht flach verteilen und mit Erdnüssen bestreuen. Darauf jeweils ein Viertel Avocadospalten längs verteilen und darüber ein Viertel Kraut auslegen. Jeweils mit einem Achtel Sushi-Reis bedecken.

4 Die Ecken des Algenblatts nach innen falten und leicht festdrücken. Frischhaltefolie darüberschlagen und das Ganze zu einem Päckchen formen. Mithilfe der Folie in Form drücken, anschließend die Folie entfernen und die Päckchen mittig diagonal durchschneiden.

SPICY-CHICKEN-ONIGIRI

FÜR 8 STÜCK

ZUTATEN

300 g Wurzelspinat

2 Frühlingszwiebeln

2 kleine gegarte Rote Beten (vakuumverpackt)

180 g Hähnchenbrustfilet

2 EL Rapsöl

Salz

5 EL Sojasauce oder Tamari

3 EL Mirin (siehe S. 138)

1 TL Zucker

2 Msp. Chiliflocken

4 Nori-Algenblätter

½ Portion Sushi-Reis (siehe Grundrezept S. 16/17)

SO GEHT'S

1 Spinat gründlich waschen, dicke Stiele wegschneiden, die Blätter trocken schleudern. In einem großen Topf bei starker Hitze zusammenfallen lassen. In ein Sieb gießen, kalt abbrausen, abtropfen lassen, gut ausdrücken und zerzupfen. Frühlingszwiebeln waschen, putzen, den grünen und weißen Teil getrennt in feine Ringe schneiden. Rote Bete in dünne Scheiben schneiden.

2 Das Hähnchenbrustfilet in zwei flache Scheiben schneiden. Öl in einer kleinen beschichteten Pfanne erhitzen, das Fleisch darin beidseitig 6–8 Minuten bei mittlerer Hitze braten, leicht salzen und herausnehmen. Sojasauce, Mirin, Zucker und Chiliflocken in die Pfanne geben und bei starker Hitze dickflüssig einkochen lassen. Das Hähnchenfleisch hineingeben und unter Wenden bei mittlerer Hitze braten, bis die Flüssigkeit sirupartig eingekocht und das Fleisch glänzend überzogen ist. Weiße Zwiebelringe untermischen. Leicht abkühlen lassen und das Fleisch in Scheiben schneiden und im Garsud wenden.

3 Auf einem großen Bogen Frischhaltefolie 4 Algenblätter mit der glatten Seite nach unten auslegen. In die Mitte jedes Blatts ein Achtel vom Sushi-Reis geben und daraus ein Quadrat, diagonal zu den Außenkanten des Blatts, formen (siehe S. 77). Darauf je ein Viertel der Rote-Bete-Scheiben verteilen und mit Zwiebelgrün bestreuen. Darauf jeweils ein Viertel des Hähnchenfleischs geben, darüber ein Viertel vom Spinat auslegen. Jeweils mit einem Achtel des Sushi-Reises abschließend bedecken.

4 Die Enden des Algenblatts nach innen falten und festdrücken. Frischhaltefolie darüberschlagen und das Ganze zu einem Päckchen formen. Mithilfe der Folie in Form drücken, die Folie entfernen und die Päckchen diagonal mittig durchschneiden.

BIBIMBAP-**ONIGIRI**

FÜR 8 STÜCK

ZUTATEN

1 dicke Möhre

Salz, Pfeffer

1 reife Avocado

1 TL Zitronensaft

Öl zum Braten

4 Eier (Größe M)

4 Nori-Algenblätter

½ Portion Sushi-Reis (siehe Grundrezept S. 16/17)

150 g Kimchi (siehe S. 22 oder fertig gekauft)

SO GEHT'S

1 Die Möhre schälen, putzen und grob raspeln, leicht mit Salz und Pfeffer würzen. Die Avocado halbieren, Kern und Schale entfernen und längs in Achtel schneiden, diese sofort mit Zitronensaft bepinseln.

2 Eine große beschichtete Pfanne mit etwas Öl ausstreichen, die Eier nebeneinander hineingeben, salzen, pfeffern und bei mittlerer Hitze zu Spiegeleiern braten, dabei sollte das Eigelb durchgaren. Wer will, wendet sie gegen Ende und brät sie auch auf der oberen Seite kurz an.

3 Inzwischen 4 Algenblätter mit der glatten Seite nach unten auf einem großen Bogen Frischhaltefolie auslegen. In die Mitte jedes Blatts ein Achtel vom Sushi-Reis geben und daraus ein Quadrat, diagonal zu den Außenkanten des Blatts, formen (siehe S. 77). Darauf je ein Viertel der Möhrenraspel verteilen und darüber jeweils ein Viertel der Avocadospalten längs dicht an dicht nebeneinander auflegen. Je 1 Spiegelei darüberlegen und darauf ein Viertel abgetropftes Kimchi auslegen. Darauf jeweils ein Achtel vom Sushi-Reis abschließend verteilen.

4 Die Enden des Algenblatts nach innen falten und festdrücken. Frischhaltefolie darüberschlagen und das Ganze zu einem Päckchen formen. Mithilfe der Folie in Form drücken, die Folie entfernen und die Päckchen diagonal mittig durchschneiden.

SERGEANT-PEPPER-**ONIGIRI**

FÜR 8 STÜCK

ZUTATEN

2 gegrillte Paprika (siehe S. 67 oder gegrillte in Öl eingelegte Paprika aus dem Glas)

1 reife Avocado

1 TL Zitronensaft

50 g Baby-Spinat

200 g Tofu

3 EL Sojasauce oder Tamari

1 Eiweiß

5 EL Semmelbrösel

Mehl zum Wenden

1,2 l Frittieröl

4 Nori-Algenblätter

½ Portion Sushi-Reis (siehe Grundrezept S. 16/17)

Salz , Pfeffer

3 EL Asia-Pesto (siehe S. 19), nach Belieben

SO GEHT'S

1 Paprikaviertel trocken tupfen. Die Avocado halbieren, Kern und Schale entfernen, die Hälften längs achteln und sofort mit Zitronensaft bepinseln. Spinat waschen und trocken schleudern.

2 Tofu in 4 große flache Scheiben schneiden, gut zwischen Küchenpapier ausdrücken, dann in Sojasauce wenden. Das Eiweiß in einem tiefen Teller verquirlen. Semmelbrösel und Mehl in zwei weitere tiefe Teller geben. Das Frittieröl erhitzen – es sollte so heiß sein, dass sich an einem hölzernen Löffelstiel, den man hineinhält, kleine sprudelnde Bläschen bilden. Tofu in Mehl wenden, durch das Eiweiß ziehen und in den Bröseln wenden, diese dabei festdrücken. Den Tofu portionsweise ins Fett geben und 2–3 Minuten goldbraun ausbacken. Mit einem Schaumlöffel herausheben und auf Küchenpapier abtropfen lassen.

3 Auf einem großen Bogen Frischhaltefolie 4 Algenblätter mit der glatten Seite nach unten auslegen. In die Mitte jedes Blatts ein Achtel vom Sushi-Reis geben und daraus ein Quadrat, diagonal zu den Außenkanten des Blatts, formen (siehe S. 77). Darauf je eine Tofuscheibe setzen. Darauf längs nebeneinander ein Viertel der Avocadospalten verteilen und salzen und pfeffern. Darüber je zwei Paprikaviertel, nach Belieben mit Asia-Pesto beträufelt, platzieren und darüber ein Viertel des Spinats auslegen. Jeweils mit einem Achtel vom Sushi-Reis bedecken.

4 Die Enden des Algenblatts nach innen falten und festdrücken. Frischhaltefolie darüberschlagen und das Ganze zu einem Päckchen formen. Mithilfe der Folie in Form drücken, die Folie entfernen und die Päckchen diagonal mittig durchschneiden.

SUPER

SUSH

IRRITOS

In Kalifornien lieben Rohkostjünger und Fit-Food-Fans diese Mischung aus Sushi und Texmex-Burrito-Rollen mit reichlich Füllung. In der Super-Mega-Futo-Rolle findet alles Platz, was gesund ist und schmeckt: viel Rohkost, Salat, Saucen und Dressings; Sushi-Reis und Algen ersetzen die gewohnte Maistortilla.

SUPER-**GREEN-SUSHIRRITO**

FÜR 2 STÜCK

ZUTATEN

1 ½ EL Tahin (Sesammus)

1 ½ EL Genmai-Miso (siehe S. 138)

1 ½ EL Sojasauce oder Tamari

2 EL Zitronensaft

½ TL Ahornsirup

½ TL Chilisauce, nach Belieben

100 g Räuchertofu

80 g grüne Bohnen

Salz

110 g Salatgurke

1 Avocado

80 g gemischte Sprossen (z. B. Alfalfa, Radieschen)

6 kleine Blätter Lollo bianco

2 Nori-Algenblätter

½ Portion Sushi-Reis (siehe Grundrezept S. 16/17)

SO GEHT'S

1 Tahin, Miso, Sojasauce, Zitronensaft, Ahornsirup und nach Belieben Chilisauce glatt verrühren. 3–5 Esslöffel Wasser unterrühren, bis eine dickflüssige Creme entstanden ist.

2 Den Räuchertofu längs in schmale Streifen schneiden. Die Bohnen waschen, putzen und in kochendem Salzwasser 5 Minuten garen. In ein Sieb abgießen, kalt abbrausen und abtropfen lassen. Die Gurke waschen, in dünne Scheiben schneiden und diese längs in schmale Stifte, dabei den inneren Teil mit den Kernen wegwerfen. Die Avocado schälen und Kern entfernen, die Hälften in schmale Streifen schneiden. Sprossen in ein Sieb geben, waschen, abtropfen lassen und eventuell trocken tupfen. Die Salatblätter waschen und trocken tupfen.

3 Nori-Blätter mit der glatten Seite nach unten auslegen. Die Hälfte vom Sushi-Reis jeweils darauf verteilen. Mit je der Hälfte Tahin-Miso-Creme bestreichen, dabei oben und unten jeweils 2 cm frei lassen. Je die Hälfte der Bohnen, Gurkenstifte, Avocado- und Tofustreifen in der Mitte längs darauflegen, die Hälfte der Sprossen darüberstreuen. Gemüse und Tofu mit jeweils 3 Salatblättern abdecken. Vorsichtig mithilfe der Rollmatte aufrollen und in Form drücken.

TEMPEH-**SATÉSTYLE**-SUSHIRRITO

FÜR 2 STÜCK

ZUTATEN

1 Schalotte

Sonnenblumenöl zum Braten

2 EL Erdnussmus

200 ml Kokosmilch

1 EL Sojasauce oder Tamari

⅓ TL Chilisauce (z. B. Sriracha)

1–2 EL Limettensaft

Zucker

2 Blätter Romana-Salat

je 1 kleine gelbe und rote Spitzpaprikaschote

50 g Fix-Japan-Sauerkraut (siehe S. 20)

150 g Tempeh

2 Nori-Algenblätter

½ Portion Sushi-Reis (siehe Grundrezept S. 16/17)

SO GEHT'S

1 Schalotte schälen und fein würfeln. 1 Esslöffel Öl in einem kleinen Topf erhitzen, darin die Schalotte goldgelb dünsten. Erdnussmus, Kokosmilch, 150 ml Wasser, Soja- und Chilisauce zugeben und alles glatt verrühren. 3–5 Minuten bei mittlerer Hitze dick cremig einköcheln lassen. Mit Limettensaft und einer kräftigen Prise Zucker abschmecken und abkühlen lassen.

2 Den Salat waschen, gut trocken tupfen und quer in feine Streifen schneiden. Die Paprikaschoten halbieren, putzen, waschen und quer in schmale Streifen schneiden. Japan-Sauerkraut abtropfen lassen und trocken tupfen.

3 Tempeh in ca. 5 mm dicke Scheiben schneiden. Reichlich Öl in einer beschichteten Pfanne erhitzen, darin den Tempeh bei mittlerer bis starker Hitze je 2–3 Minuten pro Seite knusprig braun braten, herausnehmen und auf Küchenpapier abtropfen lassen. Anschließend halbieren.

4 Nori-Blätter mit der glatten Seite nach unten auslegen. Die Hälfte vom Reis jeweils darauf verteilen. Mit je der Hälfte der Erdnusscreme bestreichen, dabei oben und unten jeweils 2 cm frei lassen. Je die Hälfte von Paprika und Salat in der Mitte längs über die gesamte Breite des Blatts verteilen, darauf die Hälfte des Tempeh und darauf ein Viertel des Japan-Sauerkrauts geben. Vorsichtig mithilfe der Rollmatte aufrollen und in Form drücken.

PULLED-SALMON-SUSHIRRITO

FÜR 2 STÜCK

ZUTATEN

250 g Lachsfilet ohne Haut

2 EL Sojasauce oder Tamari

2 TL Sweet-Chili-Sauce

1 TL Limettensaft

Salz, Pfeffer

60 g weißer Rettich

⅓ Salatgurke

1 dicke Möhre

1 gegarte Rote Bete (vakuumverpackt)

2–3 Blätter Romana-Salat

2 Nori-Algenblätter

4 EL Asia-Mayonnaise (siehe S. 18) oder normale Mayonnaise aus dem Glas

½ Portion Sushi-Reis (siehe Grundrezept S. 16/17)

SO GEHT'S

1 Den Backofengrill auf 250 °C vorheizen, das Lachsfilet waschen und trocken tupfen. Sojasauce, süßsaure Chilisauce und Limettensaft verrühren und das Lachsfilet mit dieser Sauce bepinseln. In eine ofenfeste Form legen und unter dem Grill (oben) 8–10 Minuten garen, dabei einmal wenden und neu bepinseln. Herausnehmen, abkühlen lassen, dann grob zerzupfen. Eventuell leicht salzen und pfeffern.

2 Rettich, Gurke und Möhre schälen und längs in dünne Stifte schneiden, dabei den inneren Teil der Gurke mit den Kernen wegwerfen. Die Rote Bete in schmale Stifte schneiden. Den Salat waschen, trocken schütteln und in feine Streifen schneiden.

3 Nori-Blätter mit der glatten Seite nach unten auslegen. Je ein Viertel des Sushi-Reises darauf verteilen. Mit 2 Esslöffel Mayonnaise bestreichen, dabei oben und unten jeweils 2 cm frei lassen. Jeweils die Hälfte vom Lachs längs über die gesamte Breite des Blatts verteilen. Darauf jeweils die Hälfte von Gurke, Rettich, Möhre, Rote Bete und Salat verteilen. Vorsichtig mithilfe der Rollmatte aufrollen und in Form drücken.

NOBASHI-**SHRIMP-SUSHIRRITO**

FÜR 2 STÜCK

ZUTATEN

1 Baby-Ananas

¼ Salatgurke

1 kleine rote Chilischote

1 Stück frischer Ingwer (8 g)

Saft von 1 Limette

½ TL brauner Zucker

4 Blätter Romana-Salat

1 Avocado

1 Ei (Größe M)

100 g Tempura-Mehl (siehe S. 139)

8 geschälte küchenfertige Riesengarnelen (ca. 160 g)

1,2 l Öl zum Frittieren

Tempura-Mehl zum Wenden

2 Nori-Algenblätter

½ Portion Sushi-Reis (siehe Grundrezept S. 16/17)

SO GEHT'S

1 Die Ananas achteln, Fruchtfleisch von der Schale schneiden und klein würfeln, dabei eventuell den Strunk wegschneiden. Die Gurke schälen und klein würfeln, dabei den inneren Teil mit den Kernen wegwerfen. Die Chilischote halbieren, entkernen, die Hälften fein hacken. Ingwer schälen und fein würfeln. Beides mit der Hälfte des Limettensafts und dem Zucker verrühren, bis sich der Zucker gelöst hat. Dann mit Gurke und Ananas mischen. Den Salat waschen, trocken schleudern und quer in Streifen schneiden. Die Avocado halbieren, Kern und Schale entfernen, dann die Hälften längs in Achtel schneiden und in etwas Limettensaft wenden.

2 Das Ei mit 200 ml eiskaltem Wasser (ideal: einige Eiswürfel in kaltem Wasser auflösen) verquirlen. Das Tempura-Mehl zugeben und schnell mit dem Schneebesen unterrühren, es macht nichts, wenn Klümpchen darin sind. Den Teig eventuell im Kühlschrank kalt stellen.

3 Garnelen waschen und trocken tupfen. Oben auf dem Rücken vier- bis fünfmal quer ein-, aber nicht durchschneiden. Leicht auseinanderziehen und -drücken, dass sie flach in Form liegen.

4 Öl in einem Topf erhitzen, den Teig nochmals durchrühren. 1 Tropfen davon ins heiße Öl geben; wenn er sprudelnd an der Oberfläche schwimmt und nicht nach unten sinkt, ist das Öl heiß genug. Nun die Garnelen portionsweise in Mehl wenden, durch den Teig ziehen und im heißen Öl 2–3 Minuten hellgelb frittieren. Mit einer Schaumkelle herausnehmen und auf Küchenpapier abtropfen lassen.

5 Nori-Blätter mit der glatten Seite nach unten auslegen. Jeweils die Hälfte vom Sushi-Reis darauf verteilen. In der Mitte längs jeweils 4 Garnelen auslegen (am besten 2 nebeneinander). Darauf Salat, Ananas-Gurken-Salsa und Avocado verteilen. Vorsichtig mithilfe der Rollmatte aufrollen und in Form drücken.

HAWAII-SUSHIRRITO

FÜR 2 STÜCK

ZUTATEN

1 ½ TL Instant-Wakame-Algen
350 g frisches Thunfischfilet
2 Frühlingszwiebeln
1 rote Chilischote
1 TL schwarze Sesamsamen
2 ½ EL geröstetes Sesamöl
3 EL Sojasauce oder Tamari
3 Blätter Romana-Salat
¼ Salatgurke
1 kleine reife Avocado
1 TL Limettensaft
Salz, Pfeffer
2 Nori-Algenblätter
½ Portion Sushi-Reis
(siehe Grundrezept S. 16/17)

SO GEHT'S

1 Die Algen nach Packungsanweisung in Wasser ziehen lassen, abgießen und abtropfen lassen. Den Thunfisch in ca. 1 cm breite Würfelchen schneiden. Die Frühlingszwiebeln waschen, putzen und mit dem Grün in feine Ringe schneiden. Chilischote halbieren, entkernen, fein hacken, mit Sesamsamen, Sesamöl und Sojasauce verrühren. Algen, Thunfisch und Zwiebelringe unterrühren. 1 Stunde zugedeckt im Kühlschrank ziehen lassen.

2 Den Salat waschen, putzen und quer in Streifen schneiden. Die Gurke waschen und längs in feine Stifte schneiden, dabei den inneren Teil mit den Kernen wegwerfen. Die Avocado halbieren, Kern und Schale entfernen, die Hälften längs achteln und in Limettensaft wenden.

3 Thunfisch mit Salz und Pfeffer würzen. Die Nori-Blätter mit der glatten Seite nach unten auslegen. Jeweils die Hälfte vom Sushi-Reis darauf verteilen, darauf jeweils die Hälfte des Thunfischs in der Mitte längs über die gesamte Breite des Blatts verteilen, darauf je die Hälfte von Avocado, Salat und Gurke. Vorsichtig mithilfe der Rollmatte aufrollen und in Form drücken.

TIPP

In den USA ist Poke der absolute In-Appetizer: Der Salat aus klein gewürfeltem rohem (Thun-)Fisch, Algen, Sesamöl, Zwiebeln, Sojasauce und Limettensaft stammt aus Hawaii. Beeinflusst wurde er aber, wie bereits die Zutaten verraten, von der japanischen Küche.

LIMA-**SUSHIRRITO**

FÜR 2 STÜCK

ZUTATEN

150 g frisches Lachsfilet (ohne Haut, Sushi-Zuschnitt, siehe S. 12)

1 Limette

½ Orange

1 kleine rote Chilischote

1 (violette) Möhre

½ reife Mango

4 große Blätter Eisbergsalat

1 kleine Avocado

1 kleine rote Zwiebel

2–3 Stängel Shiso (siehe S. 139)

1 EL gehacktes Koriandergrün

2 Nori-Algenblätter

½ Portion Sushi-Reis (siehe Grundrezept S. 16/17)

Salz, Pfeffer

SO GEHT'S

1 Den Lachs trocken tupfen, quer in schmale Scheiben schneiden und in einem tiefen Teller nebeneinander auslegen. Limette und Orange auspressen. Die Chilischote halbieren, entkernen, die Hälften fein hacken, mit Limetten-Orangen-Saft mischen und über den Lachs geben. Mit Frischhaltefolie abgedeckt 2 Stunden im Kühlschrank marinieren.

2 Die Möhre schälen und grob raspeln. Die Mango schälen und das Fruchtfleisch mit dem Sparschäler in langen Streifen abziehen. Den Salat waschen, trocken schleudern und in schmale Streifen schneiden. Die Avocado halbieren, Schale und Kern entfernen, das Fruchtfleisch längs achteln. Zwiebel schälen und in ganz feine Streifen schneiden. Shiso waschen, Blätter abzupfen und grob hacken, mit Koriandergrün mischen.

3 Nori-Blätter mit der glatten Seite nach unten auslegen. Je die Hälfte vom Sushi-Reis darauf verteilen. Die Lachsscheiben leicht trocken tupfen, salzen, pfeffern und in der Mitte längs über die gesamte Breite des Blatts verteilen. Jeweils ein Viertel der Zwiebel und Kräutermischung daraufstreuen und darauf die Hälfte von Avocado, Salat, Mango und Gurke verteilen. Mit restlicher Zwiebel und Kräutermischung bestreuen. Vorsichtig mithilfe der Rollmatte aufrollen und in Form drücken.

TIPP

Auch hier stand ein Salat aus rohem Fisch Pate: In Peru lässt man dünn geschnittene Fischscheiben kurz in Limettensaft ziehen. Dadurch denaturiert das Fischeiweiß ähnlich wie beim Kochen; der Fisch wird weißlich und weich. Zusätzliche Zutaten wie Zwiebeln, Chili und Koriander variieren bei der Zubereitung von Ceviche je nach Region.

SUSHI

BU

RGER

Hier treffen sich zwei wahre Fast-Food-Giganten: An Burgern kommt momentan keiner vorbei, auch Sushi-Köche nicht. Darum formten sie Burgerbuns aus Reis. Und die Patties? Wie wär's mit marinierten Pilzen, scharfen Süßkartoffeln oder knusprigem Tempeh? Schon gut, es darf auch ruhig mal Rindfleisch sein …

WALD-UND-WIESEN-BURGER

FÜR 2 STÜCK

ZUTATEN

2 Portobello-Pilze (ca. 125 g; ersatzweise 2 große Champignons)

1 kleine Knoblauchzehe

2 EL Sojasauce oder Tamari

2 EL Mirin (siehe S. 138)

1 EL Reisessig

2 TL Ahornsirup oder Honig

¼ TL Sambal oelek

2–3 EL Erdnussöl

1 Möhre

5 g frischer Ingwer

Salz, Pfeffer

8–10 Blätter Rucola

½ kleine Avocado

1–2 EL Zitronensaft

1 Frühlingszwiebel

½ Portion Sushi-Reis (siehe Grundrezept S. 16/17)

2 EL schwarze Sesamsamen zum Bestreuen

SO GEHT'S

1 Pilze säubern und die Stiele entfernen. Knoblauch schälen und fein hacken, mit Sojasauce, Mirin, Essig, Honig und Sambal oelek verrühren. 1–2 Esslöffel Erdnussöl in einer Pfanne erhitzen, darin die Pilze mit der runden Seite nach unten anbraten, wenden und ebenfalls anbraten. Marinade und 2–4 Esslöffel Wasser zugeben und bei mittlerer Hitze 2–3 Minuten weitergaren, bis die Marinade dicklich eingekocht ist. Die Pilze ein- bis zweimal darin wenden, vom Herd nehmen und abkühlen lassen.

2 Die Möhre schälen, dann längs mit einem Sparschäler breite Streifen abziehen. Den Ingwer schälen und fein hacken. Etwas Öl in einem kleinen Pfännchen erhitzen, darin Möhren und Ingwer unter Rühren kurz braten, salzen und pfeffern. 2–3 Esslöffel Wasser zugeben und so lange garen, bis das Wasser verdunstet ist, die Möhren aber noch Biss haben. Dann abkühlen lassen.

3 Rucola waschen, Stiele entfernen, Blätter kleiner zupfen. Kern und Schale von der Avocado entfernen, Fruchtfleisch längs in schmale Spalten schneiden und mit dem Zitronensaft mischen. Die Frühlingszwiebel waschen, putzen und in feine Ringe schneiden. Die Pilze aus der Marinade nehmen, trocken tupfen.

4 Sushi-Reis in 4 Portionen teilen und daraus je 2 Böden und Oberteile (siehe S. 104) formen. Die Sushi-Böden mit Rucolablättchen belegen, darauf je 1 Pilz geben und mit ein paar Zwiebelringen bestreuen. Darauf die Avocadospalten verteilen, mit etwas Pilzmarinade beträufeln und mit Möhrenstreifen belegen. Das Sushi-Bun-Oberteil darauflegen, leicht festdrücken und mit Sesam bestreuen.

SUSHI **FREESTYLE FORMEN**

Sushi lassen sich auf unterschiedlichste Art und Weise in Form bringen. In Japan gibt es „gepresste" Oshi-Sushi. Reis und Fisch werden in eine rechteckige Holzform geschichtet und mit einem Deckel zu einem festen Laib gepresst, der anschließend in Stücke geschnitten wird. Genau wie unsere Törtchen auf S. 133. Wer will, schichtet gleich in Förmchen, z. B. für Donuts oder Muffins, in Dessertringe oder in andere Haushaltsformen.

BURGER FORMEN

Ein rundes kleines Sieb mit Frischhaltefolie auslegen und diese unten befestigen. Sushi-Reis in das Sieb geben und leicht darin festdrücken. Herauslösen und nochmals leicht von Hand in Form drücken.

WICHTIG

Das geformte Plätzchen mit in Essigwasser befeuchteten Händen zu einem standfesten Boden und einem schön gerundeten Deckel nachformen.

DONUT FORMEN

Die Formmulden leicht ölen. Nicht zu viel Öl nehmen, sondern einfach mit einem in Öl getränkten Küchenpapier auswischen. Den Reis in die Formmulden geben und ein wenig andrücken. Dabei den Reis etwas über die Form nach oben auffüllen und leicht rund formen. Anschließend aus der Form stürzen und von Hand das Loch in der Mitte, die Ränder und die Rundung mit in Essigwasser befeuchteten Händen nachformen.

VARIANTE

Wer eine Mini-Muffinform hat, kann daraus kleine Aperitif-Sushi-Donuts formen – die Deko muss natürlich entsprechend in Miniaturformat ausfallen.

SMOKEY-TEMPEH-BURGER

FÜR 2 STÜCK

ZUTATEN

1 feste Tomate

Salz, Pfeffer

80 g Alfalfa-Sprossen

½ reife Mango

3 Stängel Koriandergrün

½ Portion Sushi-Reis
(siehe Grundrezept S. 16/17)

150 g Tempeh

Öl zum Braten

Saft von 1 Orange

2 EL Sojasauce oder Tamari

3 EL (Smoked) Barbecue-Sauce (Fertigprodukt)

SO GEHT'S

1 Die Tomate waschen und quer in dünne Scheiben schneiden, mit Salz und Pfeffer würzen. Die Sprossen in ein Sieb geben, waschen, abtropfen lassen und eventuell trocken tupfen. Die Mango schälen und mit dem Sparschäler dünne Streifen vom Fruchtfleisch abziehen oder das Fruchtfleisch in schmale Spalten schneiden. Koriandergrün waschen, trocken schütteln, Blättchen abzupfen und grob zerzupfen.

2 Aus dem Sushi-Reis 4 runde Bun-Plätzchen formen (siehe S. 104). Tempeh in ca. 5 mm dicke Scheiben schneiden. Reichlich Öl in einer Pfanne erhitzen, darin den Tempeh beidseitig goldbraun und knusprig braten. Herausnehmen und auf Küchenpapier abtropfen lassen. Das Öl aus der Pfanne gießen. Orangensaft, Sojasauce und Barbecue-Sauce in die Pfanne geben und bei starker Hitze sirupartig dick einkochen lassen. Tempeh dazugeben und unter Wenden bei mittlerer Hitze darin erhitzen, bis der Tempeh rundum mit Barbecue-Sauce überzogen ist. Aus der Pfanne nehmen, 3 Esslöffel Wasser in die Pfanne geben, damit die Saucenreste sich lösen und nochmals dickflüssig einkochen lassen.

3 2 Sushi-Reis-Brötchenhälften mit Mango belegen, darauf die Tempeh-Scheiben geben und mit Barbecue-Sauce aus der Pfanne beträufeln. Korianderblättchen aufstreuen. Darauf je 2–3 Tomatenscheiben, darüber die Sprossen geben. Die beiden übrigen Reis-Brötchenhälften auflegen und servieren.

SPICY-**BEEF-BURGER**

FÜR 2 STÜCK

ZUTATEN

250 g Rinderhackfleisch

1 Knoblauchzehe

10 Kaffir-Limettenblätter

Salz

Pfeffer

2–3 Msp. Chiliflocken

½ reife Avocado

⅓ Bund Koriandergrün

1 EL Limettensaft

2–3 EL Olivenöl

¼ TL gemahlener Kreuzkümmel

2–4 Blätter Eichblattsalat

Öl zum Braten

½ Portion Sushi-Reis (siehe Grundrezept S. 16/17)

3 EL Pink-Rettich-Pickles (siehe S. 21)

SO GEHT'S

1 Hackfleisch in eine Schüssel geben. Den Knoblauch schälen und fein würfeln. Kaffir-Limettenblätter waschen, die dicke Blattrippe herausschneiden und die beiden Blatthälften in feine Streifen schneiden, diese dann fein hacken. Mit der Hälfte des Knoblauchs unter das Hackfleisch mengen und die Hackmasse mit Salz, Pfeffer und Chiliflocken würzen. Daraus 2 flache Burger formen und zugedeckt 30 Minuten kühl stellen.

2 Inzwischen die Avocado schälen, den Kern entfernen und das Fruchtfleisch in Stücke schneiden. Koriandergrün waschen, trocken schütteln und mit den Stielen grob hacken. Beides mit Knoblauch, Limettensaft und dem Olivenöl zu einer dicken Creme pürieren. Mit Salz, Pfeffer und Kreuzkümmel würzen. Die Salatblätter waschen und trocken tupfen.

3 Eine Grillpfanne dünn mit Öl ausstreichen und die Hackfleischpatties darin beidseitig jeweils 3–4 Minuten durchbraten. Währenddessen den Sushi-Reis in 4 Portionen teilen und daraus je 2 Böden und Oberteile (siehe S. 104) formen.

4 Die Sushi-Reis-Böden mit reichlich Avocadocreme bestreichen und mit Salat belegen, je 1 Burgerpattie daraufgeben und mit Pickles belegen. Das Sushi-Oberteil auf der unteren Seite mit der restlichen Avocadocreme bestreichen, auf den Burger klappen und servieren.

SWEET-POTATO-BURGER

FÜR 2 STÜCK

ZUTATEN

1 kleine Süßkartoffel (ca. 180 g)

Salz

Saft von 1 Orange

2 EL Sojasauce oder Tamari

1 TL Ahornsirup

¼ TL Chilisauce (z B. Sriracha)

1 schmale rote Spitzpaprikaschote

4 Blätter Lollo bianco

½ Portion Sushi-Reis (siehe Grundrezept S. 16/17)

2 EL Asia-Mayonnaise (siehe S. 18) oder normale Mayonnaise aus dem Glas

1 EL Koriandergrünblättchen

SO GEHT'S

1 Die Süßkartoffel in ca. 5 mm dicke Scheiben schneiden. In kochendem Salzwasser oder in einem Dämpfkorb über ausreichend Wasser 15–20 Minuten garen – sie sollten nicht zu weich werden. Orangensaft, Sojasauce, Ahornsirup und Chilisauce in eine kleine Pfanne geben und bei starker Hitze sirupartig einkochen. Die Süßkartoffel zugeben und bei mittlerer Hitze unter Wenden darin mitgaren, bis sie schön glänzend überzogen ist, eventuell warmhalten.

2 Die Paprika waschen, quer in dünne Ringe schneiden, dabei die Samen und den Stielansatz entfernen. Den Salat waschen und trocken schleudern.

3 Aus dem Sushi-Reis 4 runde Bun-Plätzchen formen (siehe S. 104). 2 Reis-Brötchenhälften mit Mayonnaise bestreichen und mit je 1 Blatt Salat belegen, darauf die Süßkartoffelscheiben verteilen und mit Garsud aus der Pfanne beträufeln. Die Paprikascheiben daraufgeben und mit den übrigen Salatblättern abdecken. Korianderblättchen aufstreuen. Darauf die beiden übrigen Reis-Brötchenhälften legen und servieren.

AUBERGINEN-**SUSHI-BURGER**

FÜR 2 STÜCK

ZUTATEN

1 kleine rote Zwiebel

80 ml Reisessig

¾ EL Zucker

Salz

1 Aubergine

Öl zum Braten

Pfeffer

1 TL Tahin (Sesammus)

2 TL (Shiro-)Miso (siehe S. 138)

1 TL Mirin (siehe S. 138)

1 TL Sojasauce oder Tamari

1 Handvoll Baby-Spinat

½ Portion Sushi-Reis
(siehe Grundrezept S. 16/17)

SO GEHT'S

1 Die Zwiebel schälen und in Ringe schneiden. Reisessig mit 150 ml Wasser, Zucker und 1 Teelöffel Salz in einem Topf unter Rühren zum Kochen bringen. Die Zwiebel hineingeben, vom Herd nehmen und zugedeckt 1 Stunde ruhen lassen.

2 Die Aubergine waschen, putzen und in 5 mm dicke Scheiben schneiden, dann salzen und 30 Minuten ziehen lassen. Anschließend mit kaltem Wasser abspülen und trocken tupfen. Reichlich Öl in einer beschichteten Pfanne erhitzen, darin die Auberginen bei mittlerer Hitze goldbraun braten, salzen, pfeffern. Herausnehmen und auf Küchenpapier abtropfen lassen.

3 Tahin, Miso, Mirin und Sojasauce verrühren, eventuell 1–2 Esslöffel Wasser zugeben, sodass eine zähflüssige Sauce entsteht. Den Spinat waschen, verlesen und trocken schleudern. Die Zwiebeln aus dem Essigsud heben und trocken tupfen.

4 Den Sushi-Reis in 4 Portionen teilen und daraus je 2 Böden und Oberteile (siehe S. 104) formen. Die Sushi-Böden mit reichlich Miso-Creme bestreichen. Darauf die Auberginenscheiben kreisförmig überlappend auflegen und die restliche Miso-Creme darauf verteilen. Den Spinat darübergeben und darauf reichlich Zwiebeln. Das Sushi-Reis-Oberteil darauflegen und servieren.

BACKHENDEL-SUSHI-BURGER

FÜR 2 STÜCK

ZUTATEN

120 g Hähnchenbrustfilet

Salz, Pfeffer

2 EL Semmelbrösel

3 EL Kokosraspel

1 Ei (Größe M)

Mehl zum Wenden

½ reife Mango

4 Kopfsalatblätter

½ Portion Sushi-Reis (siehe Grundrezept S. 16/17)

2–3 EL Sweet-Chili-Sauce

1 EL gehacktes Koriandergrün

SO GEHT'S

1 Den Backofen auf 200 °C (Umluft 180 °C) vorheizen. Das Hähnchenfleisch quer in 2 möglichst dünne Schnitzel schneiden, eventuell nochmals quer halbieren und etwas flacher klopfen. Dann salzen und pfeffern. Semmelbrösel und Kokosraspel in einem tiefen Teller mischen. Das Ei in einem tiefen Teller verquirlen. Etwas Mehl in einen weiteren tiefen Teller geben.

2 Die Schnitzel erst in Mehl wenden, dabei überschüssiges Mehl abklopfen, dann durch das Ei ziehen und zuletzt in der Brösel-Kokos-Mischung wenden, dabei die Brösel etwas andrücken. Auf ein mit Backpapier ausgelegtes Blech legen und im heißen Ofen (Mitte) in ca. 20 Minuten goldbraun backen, dabei nach der Hälfte der Zeit wenden.

3 Inzwischen die Mango schälen und in dünne Spalten schneiden. Den Salat waschen und gut trocken tupfen.

4 Sushi-Reis in 4 Portionen teilen und daraus je 2 Böden und Oberteile (siehe S. 104) formen. Die Sushi-Böden mit je 1 Salatblatt belegen. Darauf die Hähnchenschnitzel verteilen und mit etwas Sweet-Chili-Sauce beträufeln. Die übrigen Salatblätter darauflegen, darauf die Mangospalten. Mit Koriandergrün bestreuen und mit etwas Chilisauce beträufeln. Das Sushi-Reis-Oberteil darauflegen und den Burger servieren.

SUSHI

BO

WLS

Alles in einer Schüssel lautet heute ein weiterer Trend: In Super-Bowls vereint sich alles, was gesund und fit macht, zu einer sättigenden Mahlzeit. Dieses Prinzip kennt man in Japan schon lange: Bei Chirashi-Sushi kommen Fisch und andere Zutaten auf gesäuerten Reis. Frisch aufgemischt, bildet er hier meist, aber nicht immer ebenfalls die Hauptrolle.

SASHIMI-BOWL

FÜR 2 STÜCK

ZUTATEN

1 frisches Eigelb

½ Bio-Zitrone

1 TL Senf

100–120 ml Sonnenblumenöl

Salz, Pfeffer

1 Prise Zucker

150 g Salatgurke

1 Möhre

100 g weißer Rettich

100 g ganz frisches Thunfischfilet (Sushi-Zuschnitt, siehe S. 12)

100 g ganz frisches Lachsfilet (Sushi-Zuschnitt, siehe S. 12)

1 EL Sesamsamen

¼ Bund Schnittlauch

½ Nori-Algenblatt

½ Portion Sushi-Reis (siehe Grundrezept S. 16/17)

SO GEHT'S

1 Das zimmerwarme Eigelb in einen hohen Mixbecher geben. Zitrone waschen, Schale fein abreiben und den Saft auspressen. 2 Esslöffel Saft mit dem Senf zum Eigelb geben. 80 ml Öl daraufgeben und alles mit dem Pürierstab aufmixen, dann nach und nach langsam so viel Öl zugeben und weitermixen, bis eine cremige Mayonnaise entstanden ist. Zitronenschale unterrühren und mit dem übrigen Zitronensaft, Salz, Pfeffer und Zucker gut abschmecken.

2 Gurke, Möhre und Rettich schälen und getrennt auf dem Gemüsehobel längs in möglichst dünne Scheiben hobeln. Die Scheiben übereinanderlegen und in möglichst feine Streifen schneiden. Thunfisch und Lachs schräg im 45-Grad-Winkel in ca. 1 cm dicke Scheiben schneiden.

3 Die Sesamsamen in einer Pfanne ohne Fett rösten, bis sie duften. Schnittlauch waschen, trocken schütteln und in lange Röllchen schneiden. Das Algenblatt mit einer sauberen Schere quer halbieren, die Hälften quer in feine Streifen schneiden.

4 Sushi-Reis auf 2 Schalen verteilen. Lachs, Thunfisch und die einzelnen Gemüsesorten getrennt darauf anrichten. Etwas Mayonnaise in die Mitte geben und mit Schnittlauch bestreuen. Alles mit Sesam und Algenblättern bestreuen und servieren.

MISO-EDAMAME-BOWL

FÜR 2 STÜCK

ZUTATEN

1 Stück frischer Ingwer (ca. 8 g)

2 EL (Genmai-)Miso (siehe S. 138)

1 TL Limettensaft

½ TL Chilisauce (z. B. Sriracha)

1 EL geröstetes Sesamöl

Zucker

120 g tiefgekühlte gepalte Edamame (siehe S. 138)

Salz

1 dicke Möhre

1 Handvoll Zwiebelsprossen

½ Portion Fix-Japan-Sauerkraut (siehe S. 20)

150 g Lachsfilet mit Haut

Öl zum Braten

Pfeffer

½ Portion Sushi-Reis (siehe Grundrezept S. 16/17)

SO GEHT'S

1 Den Ingwer schälen und möglichst fein hacken. Mit Miso, Limettensaft, Chilisauce, Sesamöl, einer kräftigen Prise Zucker und 3 Esslöffel Wasser verrühren.

2 Die Edamame in kochendem Salzwasser ca. 10 Minuten zugedeckt bei mittlerer Hitze garen. Inzwischen die Möhre schälen, putzen und grob raspeln. Die Sprossen in einem Sieb unter kaltem Wasser abbrausen und abtropfen lassen. Das Japan-Sauerkraut ebenfalls abtropfen lassen.

3 Das Lachsfilet in ca. 1 cm dicke Scheiben schneiden. 1–2 Esslöffel Öl in einer beschichteten Pfanne erhitzen, darin den Lachs beidseitig je 1–2 Minuten bei mittlerer Hitze garen, salzen und pfeffern. Die Pfanne vom Herd nehmen und den Lachs kurz darin nachziehen lassen.

4 Den Sushi-Reis auf 2 Schalen verteilen. Edamame in ein Sieb abgießen, kurz mit kaltem Wasser abschrecken, abtropfen lassen, dann auf den Reis geben. Daneben Möhre, Japan-Sauerkraut und Sprossen verteilen. Den Lachs daraufgeben und die Schüsseln mit der Sauce servieren.

KUNTERBUNT-**TOFU-BOWL**

FÜR 2 STÜCK

ZUTATEN

2 EL Limettensaft

2 EL Mandarinensaft

2 EL Mirin (siehe S. 138)

3 EL Sojasauce oder Tamari

200 g Tofu

120 g Baby-Spinat

1 TL geröstetes Sesamöl

Salz, Pfeffer

4 Radieschen

1 gegarte Rote Bete (vakuumverpackt)

½ Portion Sushi-Reis (siehe Grundrezept S. 16/17)

1 Portion Asia-Pickles (siehe S. 21)

4 EL Speisestärke

Öl zum Braten

SO GEHT'S

1 Für die Dipsauce frischgepressten Limetten- und Mandarinensaft mit Mirin in einen kleinen Topf geben und einmal aufkochen lassen. Sojasauce unterrühren und abkühlen lassen.

2 Den Tofu gut zwischen Küchenpapier auspressen, dann in ca. 1 cm dünne Scheiben schneiden. Den Spinat waschen, putzen und in einem Topf bei starker Hitze zusammenfallen lassen. In ein Sieb gießen, kurz mit kaltem Wasser abbrausen, dann abtropfen lassen und anschließend gut ausdrücken. Leicht zerzupfen und in einem Schälchen mit Sesamöl, etwas Salz und Pfeffer mischen. Die Radieschen waschen, putzen und in dünne Scheiben schneiden. Die Rote Bete in feine Scheiben hobeln.

3 Den Reis auf 2 Schalen verteilen, Pickles abtropfen lassen und mit Spinat, Radieschen und Roter Bete auf dem Reis verteilen. Den Tofu in Stärke wenden und überschüssige Stärke abklopfen.

4 Reichlich Öl in einer beschichteten Pfanne erhitzen und den Tofu darin beidseitig bei starker Hitze 4–5 Minuten knusprig braun braten. Herausnehmen, auf Küchenpapier abtropfen lassen, auf die Schalen verteilen und mit der Sauce zum Dippen servieren.

HOT-SHRIMP-BOWL

FÜR 2 STÜCK

ZUTATEN

1 dicke Möhre

1 Stück frischer Ingwer (5 g)

Öl zum Braten

Salz, Pfeffer

1 TL schwarze Sesamsamen

1 EL Sesamöl

100 g Salatgurke

100 g weißer Rettich

1 reife Avocado

½ Portion Sushi-Reis (siehe Grundrezept S. 16/17)

150 g küchenfertige Riesengarnelen

2–3 EL Sojasauce oder Tamari

¾ TL Chilisauce (z. B. Sriracha)

SO GEHT'S

1 Möhre schälen, quer in ca. 6 cm lange Stücke und diese in schmale Stifte schneiden. Ingwer schälen und fein hacken. 1 Esslöffel Öl in einer beschichteten Pfanne erhitzen, darin die Möhrenstifte bei starker Hitze 3–4 Minuten unter Rühren braten. Salzen, pfeffern, die Hälfte der Sesamsamen darüberstreuen und kurz mitbraten, dann vom Herd nehmen und mit dem Sesamöl mischen.

2 Die Gurke und den Rettich schälen und ebenfalls in ca. 6 cm lange dünne Stifte schneiden, dabei die Kerne der Gurke entfernen. Die Avocado halbieren, Kern und Schale entfernen und die Hälften längs sechsteln. Den Sushi-Reis auf 2 Schalen verteilen, darauf Avocado, Möhre, Rettich und Gurke verteilen.

3 Die Garnelen trocken tupfen. Reichlich Öl in einer beschichteten Pfanne oder Wok erhitzen. Die Garnelen hineingeben und unter Rühren braten, bis sie schön rosa gefärbt sind. Mit Soja- und Chilisauce ablöschen und unter Rühren 1–2 Minuten weiterbraten. Dann vom Herd nehmen und kurz nachziehen lassen. In die Mitte der Reischüssel geben und alles mit den restlichen Sesamsamen bestreuen und servieren.

RED-**SALMON-BOWL**

FÜR 2 STÜCK

ZUTATEN

200 g roter Rettich

3–4 EL Limettensaft

Salz

Zucker

2 Frühlingszwiebeln

100 g Seidentofu

½–¾ TL Wasabi-Paste

1 EL Mirin (siehe S. 138)

Pfeffer

1 Apfel

1 Handvoll Japanese Greens (oder Babyleave-Salat)

½ Portion Sushi-Reis (siehe Grundrezept S. 16/17)

200 g gebeizter roter Lachs (siehe S. 23 oder gekaufter Graved-Lachs)

1–2 Prisen Shichimi togarashi (siehe S. 139)

SO GEHT'S

1 Den Rettich waschen, putzen und in möglichst feine Scheiben hobeln. 1 ½ Esslöffel Limettensaft, Salz und ½ Teelöffel Zucker gründlich verrühren und mit dem Rettich mischen. Leicht durchkneten und 15 Minuten ziehen lassen. Frühlingszwiebeln waschen und mit dem Grün schräg in dünne Ringe schneiden.

2 Seidentofu mit Wasabi-Paste und Mirin in ein hohes Mixgerät geben und mit dem Pürierstab fein pürieren. Mit 1–1 ½ Esslöffel Limettensaft, Salz und Pfeffer würzen. Apfel waschen, vierteln, das Kerngehäuse entfernen und die Viertel in dünne Spalten schneiden. Sofort mit dem restlichen Limettensaft mischen. Die Japanese Greens waschen und trocken schleudern.

3 Den Reis auf 2 Schalen verteilen. Den Lachs schräg in ca. 4 mm dicke Scheiben schneiden und darauf anrichten. Den Rettich trocken tupfen und mit Apfel und Japanese Greens daneben anrichten, mit Shichimi togarashi bestreuen. Die Wasabi-Creme auf den Reis geben oder in einem Schälchen getrennt zum Dippen servieren.

CRAZY SU

SHI

Dass sich Sushi nicht nur als Burgerbrötchen in Form bringen lässt, beweisen Sushi-Donuts, -Törtchen und Ähnliches – der letzte Schrei in Sachen Sushi. Zwar nicht süß, aber toll aufgerüscht mit besten Zutaten könnten sie auch in Auslagen von Edelkonditoreien bestehen – und sind sicher die leckerste Alternative zu Sahnetorte und Co.

SUSHI-**DONUTS**

FÜR 6 DONUTS

ZUTATEN

1 kleine reife Avocado

1 EL Zitronensaft

1 EL neutrales Öl (Sonnenblumen- oder Rapsöl)

1 Portion Sushi-Reis (siehe Grundrezept S. 16/17)

Essigwasser (siehe S. 15)

3 Scheiben Räucherlachs

3 EL Asia-Mayonnaise (siehe S. 18) oder normale Mayonnaise aus dem Glas

2–3 EL Barbecue-Sauce

2 EL schwarze Sesamsamen

1 Donut-Form (6 Mulden)

SO GEHT'S

1 Die Avocado halbieren, Kern und Schale entfernen, dann die Hälften quer in schmale Scheiben schneiden und sofort in Zitronensaft wenden.

2 6 Mulden einer Donutform dünn mit Öl auspinseln. Sushi-Reis in 6 Portionen teilen und mit in Essigwasser befeuchteten Händen ohne allzu viel Druck in die Formen füllen und leicht zusammenpressen. Aus den Formen lösen und nochmals von Hand nachformen.

3 Die Lachsscheiben halbieren und an einer Seite über den Reis rund legen, nach unten hin schön festdrücken. Dann daneben 3–4 Avocadospalten fächerförmig übereinander anordnen. Dabei ebenfalls immer schön nach unten formen. Mayonnaise und/oder Barbecue-Sauce in Zickzacklinien über den übrigen freigebliebenen Reisring spritzen (siehe Tipp). Mit schwarzen Sesamsamen bestreuen.

TIPP

Barbecue-Sauce gibt es in gut dosierbaren Quetschflaschen zu kaufen. Die Mayonnaise einfach in eine Ecke eines kleinen Plastikgefrierbeutels geben, die Beutelecke mit einer Schere abschneiden, sodass sie eine kleine Öffnung hat und die Tüte so als Spritzbeutel benutzen.

SUSHI-**TÖRTCHEN**

FÜR 6 STÜCK

ZUTATEN

250 g reife Charentais-Melone (120 g Fruchtfleisch)

1 kleine rote Chilischote

½ Limette

1 EL gehacktes Koriandergrün

Salz

180 g Thunfischfilet

1 Frühlingszwiebel

1 EL geröstetes Sesamöl

1 TL schwarze Sesamsamen

Pfeffer

2 kleine reife Avocados

Essigwasser (siehe S. 15)

½ Portion Sushi-Reis (siehe Grundrezept S. 16/17)

1 Dessertring (5 cm Ø)

SO GEHT'S

1 Kerne aus der Melone herauslösen, das Fruchtfleisch von der Schale schneiden und in ca. 5 mm große Würfel schneiden. Chilischote halbieren, putzen, waschen und fein hacken. Limette auspressen und 1 Teelöffel Saft mit Melone, Chilischote und Koriandergrün mischen. Leicht salzen und durchziehen lassen.

2 Den Thunfisch trocken tupfen und ebenfalls in ca. 5 mm dicke Würfel schneiden. Die Frühlingszwiebel waschen, putzen, längs halbieren, in feine Streifen schneiden und diese fein hacken. Das Grün in feine Ringe schneiden. Beides mit Thunfisch, Sesamöl und der Hälfte der Sesamsamen mischen. Salzen und pfeffern.

3 Die Avocados halbieren, Kerne und Schale entfernen, das Fruchtfleisch grob mit einer Gabel zerdrücken, salzen, pfeffern und mit 1 Esslöffel Limettensaft mischen.

4 Den Dessertring in Essigwasser tauchen, dann auf ein Küchenbrett stellen. Sushi-Reis in 6 Portionen teilen, eine davon leicht unten im Ring am Boden festdrücken. Darauf eine Schicht Avocadomus, darauf Thunfisch und darüber abgetropfte Melonen-Salsa geben.

5 Jede Schicht immer schön gerade und leicht festdrücken. Am Ende vorsichtig aus dem Dessertring lösen. So 6 Törtchen herstellen, dabei den Ring immer wieder sauber waschen und mit Essigwasser befeuchten. Fertige Törtchen mit den übrigen Sesamsamen bestreuen.

SUSHI-**PETIT-FOUR**

FÜR 16 STÜCK

ZUTATEN

1 Schalotte

1 EL Sonnenblumenöl

100 g tiefgekühlte gepalte Edamame (siehe S.138)

1 TL Currypulver

120 ml Gemüsebrühe

100 g Frischkäse

2 Nori-Algenblätter

1 Portion Sushi-Reis (siehe Grundrezept S. 16/17)

2 gegrillte Paprika (siehe S. 67)

Salz, Pfeffer

1 TL Sesamsamen (hell und schwarz gemischt)

SO GEHT'S

1 Die Schalotte schälen und fein würfeln. Öl in einem kleinen Topf erhitzen, darin die Schalotte goldgelb andünsten. Edamame und Currypulver dazugeben und mit Gemüsebrühe aufgießen. Zugedeckt bei mittlerer Hitze 10 Minuten garen.

2 Edamame in ein Sieb abgießen, dabei den Garsud auffangen und in den Topf zurückgeben. Den Sud bei starker Hitze auf ca. 1 Esslöffel einkochen und abkühlen lassen. Inzwischen 8 schöne Edamamebohnen herausfischen und halbieren. Den Frischkäse gründlich mit dem eingekochten Garsud verrühren.

3 Eine quadratische Form (Porzellan oder Springform, 16 x 16 cm) mit Frischhaltefolie auslegen. Ein großes Küchenbrett mit Frischhaltefolie überziehen. Die Nori-Algenblätter auf Formgröße zurechtschneiden.

4 Ein Drittel Sushi-Reis in die Form geben und am Boden der Form festdrücken – sodass er gut zusammenhält, aber nicht zu sehr gequetscht ist. Darauf ein Algenblatt mit der glatten Seite nach oben auflegen. Mit der Frischkäsecreme bestreichen, die abgetropften Edamame daraufgeben und leicht eindrücken. Darauf das andere Algenblatt mit der glatten Seite nach unten legen. Wiederum ein Drittel Reis darauf verteilen und glatt drücken. Paprikastücke in einer möglichst geschlossenen Schicht darauf verteilen, leicht salzen und pfeffern. Den übrigen Reis obenauf verteilen und leicht festdrücken.

5 Alles nochmals leicht festdrücken, eventuell mit einem Brett leicht gerade drücken. Sushi-Kuchen auf ein Brett stürzen. Folie abziehen und den Sushi-Kuchen mit einem scharfen Messer in 16 gleich große Quadrate schneiden. Die Sushi-Würfel mit Sesam bestreuen und je 1 halbierten Edamamebohne belegen.

SUSHI-**ECLAIR**

FÜR 6 STÜCK

ZUTATEN

2 sehr reife Avocados

2–3 EL Zitronensaft

1 TL Weißweinessig

Salz, Pfeffer

4–6 EL Olivenöl

⅓ Bund Schnittlauch

1 Portion Sushi-Reis (siehe Grundrezept S. 16/17)

200 g Räucher- oder Graved-Lachs oder gebeizter roter Lachs in Scheiben (siehe S. 23)

Barbecue-Sauce zum Beträufeln

SO GEHT'S

1 Avocados halbieren, Kerne entfernen, das Fruchtfleisch herauslöffeln und in einen hohen Mixbecher geben, 2 Esslöffel Zitronensaft und Essig zugeben, salzen und pfeffern. 4 Esslöffel Öl darübergeben und alles mit dem Pürierstab zu einer cremig festen Masse mixen. Dabei nach und nach noch etwas Olivenöl zugeben. Mit dem übrigen Zitronensaft abschmecken. Schnittlauch waschen, trocken schütteln und in Röllchen schneiden.

2 Den Sushi-Reis in 12 Portionen teilen und daraus 12 längliche Klößchen (wie Onigiri-Sushi, siehe S. 76) formen, dabei 6 etwas flacher drücken, die übrigen 6 flacher drücken und obenauf möglichst schön rund formen (wer eine längliche runde Form hat, legt sie mit Frischhaltefolie aus und formt den Reis darin, ähnlich wie bei den Burgern, siehe S. 104).

3 Avocadomayonnaise in einen Spritzbeutel füllen (oder in einen Gefrierbeutel, bei dem man einfach unten eine Ecke abschneidet) und die Mayonnaise wellenförmig schön dick aufspritzen. Jeweils 1–1 ½ Lachsscheiben darauf anrichten und mit Schnittlauchröllchen bestreuen.

4 Die übrigen rund geformten Sushi-Klößchen mit der Rundung nach oben auflegen. Die Sushi-Eclairs anschließend mit Barbecue-Sauce zickzackförmig beträufeln und servieren.

GLOSSAR

EDAMAME

Die noch grünen, unreif geernteten Sojabohnen werden in den traditionellen japanischen Izakaya-Bars gerne anstelle von gesalzenen Erdnüssen zu einem Glas Bier oder Sake serviert. In einer Schale kommen die in den Schoten gegarten Bohnen, mit etwas Salz bestreut, auf den Tisch und werden einfach direkt mit den Zähnen aus der Hülle gezupft. Man kann sie inzwischen auch hierzulande tiefgekühlt in Asia- und Bio-Läden ausgepalt oder in Schoten kaufen. Nicht zuletzt ihr hoher Eiweiß- und Nährstoffgehalt macht sie für Vegetarier und Veganer attraktiv. Sie schmecken so pur als Knabbersnack, aber auch als Gemüse, gegart in Salaten oder in Suppen.

MIRIN

Im Gegensatz zu edlem Sake wird der süß schmeckende Mirin-Reiswein ausschließlich zum Kochen verwendet. Vor allem für Marinaden von Gebratenem und Gegrilltem, da er den Gerichten einen lackartigen Glanz verleiht. Anstelle von Mirin lässt sich ohne Weiteres trockener Sherry verwenden.

MISO

Die salzige Paste aus vergorenen Sojabohnen, Reis oder anderem Getreide gibt es in verschiedenen Varianten, die sich geschmacklich unterscheiden. Die zusätzlichen Namen sorgen häufig für Verwirrung, da sie sich zum einen auf die Grundbestandteile (nur Sojabohnen oder Sojabohnen gemischt mit Reis oder Gerste), zum anderen die Farbe (weiß, rot) oder den Geschmack (z. B. scharf, süßlich) beziehen. Folgende im Buch verwendete Sorten sind im Regelfall unter genannter Bezeichnung zu erhalten: Das helle, weißliche Shiro-Miso schmeckt leicht süßlich mild. Das rötliche, dunkle Aka-Miso ist dagegen salzig und sehr intensiv im Geschmack. Bei Genmai-Miso handelt es sich um ein dunkles, angenehm würziges, reines Reisprodukt – ideal zum Einstieg und für alle, die nicht gleich verschiedene Sorten im Schrank stehen haben möchten. Miso wird gerne als würzende Zutat für Suppen, Saucen, Dips und Dressings verwendet. Wichtig dabei: Man sollte die Paste nie mitkochen oder in kochend heiße Flüssigkeiten geben – das zerstört nicht nur den Geschmack, sondern auch die darin enthaltenen gesunden Enzyme.

SAKE

Der berühmte japanische Reiswein wird gerne in speziellen (Izakaya-)Bars angeboten, die kleine Knabbereien (Reiscracker, Nüsse etc.), eingelegtes Gemüse oder auch mal Ramen (Nudelsuppen) reichen. Man serviert ihn kalt, im Winter auch warm, als Aperitif, Digestiv oder zum Essen. Ein Allrounder, der auch zu einem Sushi-Menü passt. Zum Kochen ist er eigentlich zu schade, dafür eignet sich Mirin, der weniger Alkohol, dafür mehr Zucker enthält.

SESAMÖL

In Asien und im Orient verwendet man Sesamöl sowohl zum Kochen und Braten, als auch zum feinen Aromatisieren von Gerichten. Dabei wird zum Garen meist Öl aus ungerösteten Samen verwendet. Öl aus zuvor gerösteten Samen ist dunkler und hat einen nussigen, intensiven Geschmack. Häufig wird es einfach als Würze zusätzlich über bereits fertige Speisen oder Salate geträufelt. Wer es erst einmal ausprobieren möchte: Man bekommt es in Asialäden recht preiswert. Normale Supermärkte bieten oft Minifläschchen an.

SHICHIMI TOGARASHI

Übersetzt bedeutet der Name dieser japanischen Gewürzmischung so viel wie „Sieben-Gewürz-Pfeffer", da sie im Regelfall aus sieben mehr oder weniger fein zerstoßenen Zutaten besteht: Chilischoten, Shanso-Pfeffer, getrocknete Mandarinenschale, Mohn-, Sesam- und Hanfsamen und Nori-Algen. Man bekommt die Gewürzmischung in Asia- oder Japan-Lebensmittelgeschäften. Sie ist recht scharf und kann als Allroundgewürz für Fisch, Fleisch, Gemüse oder Suppen verwendet werden, peppt aber auch mal normalen Reis und Nudeln auf.

SHISO

Man bekommt frisches Shiso auch unter dem Namen „Perilla" oder „Schwarznessel" im Asia-Laden. Die stark gezackten, leicht haarigen Blätter der Shiso-Pflanze sind je nach Art grün und schmecken leicht minzig-zitronig oder violett-rötlich mit leicht anisartiger Note. In Japan kennt man vor allem die grüne Variante und würzt damit gerne Sushi oder Tempura-Gerichte. Wer für sein Sushi ein ganzes Büschel gekauft hat und noch Blätter übrig hat: Ruhig einmal, in Streifen geschnitten, unter Blatt- oder Gurkensalat mischen!

TEMPURA-MEHL

Bekommt man im Asia- oder Japan-Lebensmittelgeschäft als fertige Mischung. Es besteht je nach Hersteller meist hauptsächlich aus Reismehl, teilweise Weizenmehl und Stärke. Daraus mixt man einfach mit sehr kaltem Wasser einen dünnflüssigen Teig, mit dem sich Gemüse, Fisch und Meeresfrüchte ausbacken lassen. Mehl und Wasser sollten zügig und nicht zu lange verrührt werden, es macht auch nichts, wenn im Teig noch kleine Mehlklümpchen sind, sie lösen sich später auf. Der fertige Teig bräunt dann übrigens beim Ausbacken kaum, wird aber extrem knusprig.

TOBIKO-KAVIAR

Hierbei handelt es sich wie bei Kaviar vom Stör um Fischrogen, sprich die Eier einer bestimmten Fischart. Die kleinen, orange bis rotfarbenen Kügelchen werden gerne als Verzierung für Sushi verwendet. Es gibt sie manchmal auch in Gelb, Grün (mit Wasabi gefärbt) oder Schwarz (mit Sepiatinte gefärbt). Dort findet man häufig auch Masago, den noch kleineren orangefarbenen Kaviar einer anderen Fischart, der meist preisgünstiger, aber weniger geschmackvoll ist, den man aber ebenso gut verwenden kann. Man bekommt beides bei guten Fischhändlern oder in kleinen Gläschen im japanischen Lebensmittelgeschäft.

REGISTER

A

B

C

E

F

G

H

I

J

K

L

M

O

P

R

S

T

W

Z

ÜBER DIE **AUTORIN**

Tanja Dusy fühlt sich am wohlsten, wenn es in der Küche richtig rundgeht. Sie schreibt seit über 15 Jahren erfolgreich Kochbücher und war lange Zeit als Redakteurin tätig. Ihr Titel "Sushi-Bar" ist seit Jahren ein Bestseller, und das Thema hat sie bis heute nicht losgelassen. Immer den neusten Foodtrends auf der Spur, stellt sie hier die spannendsten, neuen Sushi-Spielarten vor. Wie immer folgt sie dabei ihrem Credo, dass Rezepte nicht nur verlässlich gelingen müssen, sondern auch das gewisse Etwas haben sollten.

WEITERE TOLLE **BÜCHER**

Buddha-Bowls
Gesund & bunt – 50 x Energie aus der Schüssel

ISBN 978-3-86355-640-2

I love Salat
60 x Salatgenuss von fruchtig bis herzhaft

ISBN 978-3-86355-678-5

Burger-Revolution
Vegetarisch und vegan

ISBN 978-3-86355-532-0

Smoothie-Bowls
Power-Start in den Tag

ISBN 978-3-86355-456-9

3 Brühen – 20 Suppen
Gesund mit Gemüse- und Knochenbrühe

ISBN 978-3-86355-551-1

One Pot Zoodles – Nudeln aus Gemüse
20 Gerichte mit dem Spiralschneider

ISBN 978-3-86355-671-6

IMPRESSUM

Bibliografische Information der Deutschen Bibliothek.

Die Deutsche Bibliothek verzeichnet diese Publikation in der deutschen Nationalbibliografie.

Detaillierte bibliografische Daten sind im Internet über http://www.d-nb.de/ abrufbar.

Hinweis zu Backofentemperaturen: Die Angaben beziehen sich auf das Backen mit Ober-/Unterhitze im Elektroherd.

EIN BUCH DER EDITION MICHAEL FISCHER

1. Auflage 2017

Covergestaltung: Michaela Zander
Layout und Satz: Bernadett Linseisen
Redaktion und Lektorat: Annika Christof
alle Fotos: Klaus-Maria Einwanger, KME Studios, Rosenheim,
außer S. 8: © RAYBON/Shutterstock
Food-Styling: Sven Dittmann
Food-Assistent: Daniel Schwarz
Prob-Styling: Deborah De Luca

ISBN 978-3-86355-685-3

Printed in Slovakia

www.emf-verlag.de